사이다 공식으로
톡 쏘는
글쓰기 비법

사이다 공식으로
톡 쏘는 글쓰기 비법

초판 발행 2021년 11월 5일

지은이 김주리
펴낸이 김채민
펴낸곳 힘찬북스

출판등록 제410-2017-000143호
주소 서울특별시 마포구 망원로 94, 301호
전화 02-2272-2554
팩스 02-2272-2555
이메일 hcbooks17@naver.com

ISBN 979-11-90227-19-3 (03190)

값 15,000원

업무 보고서 및 제안서, 보도자료,
SNS 홍보글까지…

사이다 공식으로
톡 쏘는
글쓰기 비법

김주리 지음

HC books

간단하고 쉬우면서도
효율적인 글쓰기를 위하여

요즘 글쓰기에서 자유로운 사람을 찾아보기 어렵습니다. 직장을 다니든 개인 사업을 하든 개인적인 SNS 활동을 하든 말이죠. 누구나 글을 써야 할 숙명을 가지고 태어났다 봐도 무방할 정도입니다.

글의 형태라는 것도 잔인할 정도로 다양합니다. 진학과 취업을 하기 전에는 자기소개서, 취업이나 창업 후에는 보고서, 제안서, 계획서 등에 시달려야 하죠. 어디 그뿐인가요. 홍보 브로슈어, 기사, 보도자료, 마케팅 글까지…. 정말 그 종류를 헤아릴 수 없을 정도죠. 게다가 요즘은 SNS, 유튜브 등 새로운 매체가 등장하면서 그 플랫폼에 사용할 내용과 글을 기획하는 일까지 맡아야 하는 경우도 있습니다.

물론 홍보 부서 등이 따로 있다면 문제가 없겠죠. 대략의 기안만 보내면 그 부서의 글쓰기 전문가들이 알아서 할 테니까요. 하지만 안타깝게도 이는 정말 소수 기업에나 해당되는 이야기입니다. 대부분의 직장인은 자신이 맡은 업무를 성실하게 해냄과 동시에 그것을 알리고 누군가를 설득하기 위한 글을 직접 써야 하는 상황에 던져지게 됩니다. 1인 기업이나 스타트업은 말할 것도 없죠.

저 역시 그랬습니다. 첫 직장은 선거 캠프. 신문방송학을 전공했다는 딱 하나의 이유로 '공보팀'에 배정되었습니다. 거기서 한 일은 그날 그날 후보의 일정을 정리해 뉴스레터를 만들고, 취재를 나가 기사를 쓰는 것이었습니다. 보도자료를 배포하는 대로 기자들에게 전화를 걸어 기사화를 요청하는 일까지 했어야 했죠. 그래도 그나마 거기가 나았습니다.

국회의원 보좌진으로 자리를 옮기고 나서는 질의서 및 보고서, 사업계획서 작성은 물론이고 보도자료, 홈페이지 글, 의정소식지 글, 의원 연설문에 이르기까지 정말 온갖 글이란 글을 다 쓰게 되었습니다. 한 번도 배운 적 없는 글을…. 저의 상사는 매우 무서운 사람이었고, 글에 있어서는 그 누구보다 까다로웠던 사람이었죠. 게다가 유명한 사람이라 제 글의 실수로 인한 파장이 상상을 초월했습니다. 돌이켜보면 쓴다 못 쓴다, 배웠다 안 배웠다를 말할 틈도 없이 그저 혼나지 않고, 잘리지 않으려고 필사적으로 글을 썼던 것 같습니다.

그 후에는 기자가 되었습니다. 기사 작성도 처음 접하는 일이었지만 이미 산전수전 공중전을 치른 터라 마치 원래 하던 일을 계속하는 느낌이었죠. 비서관에서 기자로 이름만 바꿔서. 그나마 제가 써야 하는 글의 종류가 수십 가지에서 한 가지로 줄어들었다는 것만으로도 큰 위로가 되었습니다.

그러다 서울시의회 스피치라이터로 복귀. 국회에서 썼던 오만 가지 글을 다시 쓰기 시작했습니다. 심지어 그사이에 SNS 글쓰기까지 덧붙여진 상황이었죠. 그래도 시간이 지나고 짬밥(?)이 쌓여서인지 처음 국회에서 느꼈던 것만큼의 충격은 아니었습니다.

하지만 이후 여러 군데서 글쓰기 강의를 의뢰받고 준비하면서 깨달았습니다. 그것이 단순히 짬밥의 문제가 아니었다는 것을. 그저 경험을 살려 복사하고 붙여넣기 하면서 시간을 보낸 것이 아니라, 저는 나름대로 글 쓰는 프로세스를 구축해 그 과정을 충실히 따르고 있던 것이었습니다. 그랬기에 한 번도 접해보지 못한 글도 상황에 닥치면 문제없이 써 내려갈 수 있었죠.

놀랍게도 그 안에는 가장 중요한 키가 있었습니다. 비즈니스 글이라면 어디에나 적용할 수 있는 법칙. 저는 그 비밀을 이 책에 담고자 했습니다. 이것만 숙지한다면 여러분이 업무에서 맞닥뜨리게 되는 다양한 글을 쓰는 데 큰 도움이 되리라 믿습니다.

글쓰기에 문외한이었던 제가 글로 먹고살게 되기까지 현장에서 부딪히고 깨지면서 배운 것을 이 책에 아낌없이 넣었습니다. 글쓰기가 어려워 좋은 기회를 앞에 두고도 성공을 지연시키고 있는 분, 또 실력이 뛰어나지만 제대로 표현하지 못해 번번이 쓰라림을 겪는 분들께 이 책을 바칩니다.

간단하고 쉬우면서도 효율적인 글쓰기 법칙을, 모쪼록 하나도 빠짐없이 여러분의 것으로 가져가시길 바랍니다.

2021년 11월

김주리

비즈니스 글쓰기에도 공식이 있다

처음에는 정치인을 위한 글을 썼다. 질의서를 만들었고, 보고서를 작성했다. 홈페이지에 올라갈 글도 만들어야 했고, 기자에게 보낼 보도자료도 써야 했다. 때로는 의정보고서라는 소책자도 기획해서 만들었다. 그다음에는 기자 신분으로 정보를 제공하기 위해 기사를 썼다. 이후에 연설비서관이 되어서는 연설문과 칼럼을 썼다.

이렇게 글은 끊임없이 모양을 바꿔가며 나를 쫓아다녔다. 내가 강의를 시작하면서 프로필을 소개하며 이 이야기를 하면 대부분 "그럼 그 글들은 모두 어디서 배우신 건가요?"라고 묻는다. 각각 글의 형태를 어디선가 배웠을 것이라 생각하는 것이다.

하지만 나는 어떠한 글도 배운 적이 없다. 그냥 어떤 글에나 통하는 하나의 프로세스가 있었을 뿐이다.

어느 순간 보고서, 보도자료, 홍보글, 기사, 카피라이팅 등 글이란 글을 다 쓰고 있었다. 신기한 것은 아무도 내게 글을 어떻게 쓰라고 가르쳐주지 않았다는 사실이다. 그냥 일은 던져졌고, 나는 그 일을 해치웠어야만 했다. 더불어 나는 글에 대한 반응을 때로는 상사에게, 때로는 클라이언트에게 보고해야 했다. 보도자료가 나가면 얼마나 기사화가 되었는지, SNS에 글을 쓰면 얼마나 많은 사람이 게시물에 관심을 보였는지, 보고서를 쓰면 문서의 수요자가 얼마나 쉽게 결정을 내릴 수 있었는지 등이 내게는 또 하나의 '실적'이 되었다.

그러다 보니 당연히 어떤 글이든지 쓰고, 독자에게 읽히도록 하는 것이 목표가 되었다. 글이 읽히지 않으면 아무리 좋은 상품, 사람일지라도 아무 일도 일어나지 않았다. 결국 글을 쓰는 내내 어떻게 하면 독자가 읽어줄지 고민했다. 나는 그 고민을 해결하기 위해 늘 현장으로 뛰어다녔다. 일을 맡긴 사람을 집요하게 쫓아다녔고, 그 사람의 고객을 만나러 다녔다. 그 과정에서 내내 사람들에게 물었고, 확인했고, 그로부터 글의 내용을 만들어냈다. 상당히 많은 부분에서 독자와 고객들로부터 좋은 반응을 이끌어냈다. 그 결과는 글 실력에 의한 것이라기보다는 '묻는 것'을 두려워하지 않았기 때문이라고 생각한다.

SNS 글을 읽다가 나도 모르게 구매 버튼을 누른다. 무엇이 나를 유혹했을까?

내가 구매한 다양한 물건들에는 공통점이 있다. 그들은 내 문제에 크게 동조해주고 리얼하게 반응해준다. 내 감정을 그대로 읽어내는 것 같다. 내 문제를 그들도 겪어봤고, 그 문제를 이 상품(사람)을 통해 해결했다는 스토리가 나를 유혹한다. 상품의 스펙은 그다음이다.

나 역시 글을 쓰면서 독자에게 맞장구쳐주기 위해 많은 노력을 한다. 내가 경험해보았던 것은 물론이고 그렇지 않은 상황을 커버하기 위해 그것을 경험하는 사람에게 묻고 또 물어서 간접 경험이라도 한다. 가장 좋은 친구는 말하지 않아도 나를 속속들이 잘 알아주는 친구다. 우리가 같은 존재라는 것으로 안도감을 준다.

글에서도 마찬가지다. 내 문제에 동조해주는 것은 물론 내가 미처 생각하지 못했던 문제까지 딱딱 짚어서 해결책을 말해주는 글, 그것을 싫어하는 사람은 세상에 없다.

사람들이 글을 읽을지 말지 결정하는 시간은 3초 이내라고 한다. 특히 최근에는 모바일로 글을 읽는 경우가 많아진데다, 읽을거리도 기하급수적으로 늘어났다. 따라서 읽기로 결정했을지라도 클릭한 후 내가 원하는 정보가 없는 것 같으면 바로 '뒤로 가기' 버튼을 클릭한다. 종이 문서라 하더라도 마찬가지다. 가차 없이 버려진다.

그래서 나는 글의 핵심 메시지를 정할 때 그에게 반드시 전해야 할 메시지가 무엇인가에 집중한다. 우리가 가진 제품, 내가 소개해야 할 사람의 장점은 한두 개가 아니다. 하지만 독자(고객)는 그 모든 이야기에 관심이 없다. 아쉽지만 상대에게 꼭 필요한 사실, 혹은 그가 반드시 알아야 하는 딱 하나의 장점만 말하자. 글 하나에는 하나의 메시지만 전달하는 것, 그것이 내 글쓰기의 가장 큰 원칙이다.

목적을 밝히는 것을 쑥스러워하지 마라

"말하지 않아도 알아요"라는 말이 한때 엄청난 유행을 몰고 왔었다. 그래서일까? 우리는 글을 쓰면서도 내가 이 정도 말해줬으니 읽는 사람이 '알아서' 어떤 행동을 해주기를 기대한다. 직접 '목적'을 드러내는 것을 어려워하는 것이다. 하지만 생각보다 사람들은 남의 생각, 남이 제공하는 정보에 크게 관심이 없다. 그러다 보니 실컷 정보는 제공해놓고 수확은 없는 상황이 반복된다.

모든 글에는 '목적성'이 있다. '그냥' 쓰는 글은 없다는 의미다. 때문에 글의 마무리 정도에는 내 목적성이 반드시 드러나야 한다. 생각보다 사람들은 잘 잊는다. 글에서 직접 목적을 밝히고, 고객에게 원하는 행동을 말하지 않으면 글은 날아가고 만다.

써야 하는 글의 형태도, 글을 실을 채널도 매우 다양해졌다. 우리의 글쓰기 실력도 매일 진화해야 한다. 하지만 우리는 그런 변화가 늘 당황스럽다. 그래서인지 여전히 나는 강의에서, 개인 코칭에서, 기업 컨설팅에서 '글을 어떻게 써야 하나요?' 같은 질문을 받는다.

사실 글에는 정답이 없다. 매번 코칭의 내용이 달라졌던 까닭이다. 그렇지만 점차 대행보다는 '팔리는 글', '목적 달성을 위한 글'을 직접 쓰고 싶어 하고, 써야만 하는 이들이 늘어나고 있다.

하지만 달라지는 글의 형태에 겁먹지 마시라. 모든 비즈니스 글은 모양은 달라도 결국 하나의 길로 통한다.

비즈니스 글쓰기 과정

독자를 선택하고(Choose) → 니즈를 발견하고(Identify) → 메
시지를 결정하고(Decide) → 효과적인 표현 방식을 이용해(Exp
-ress) → 글의 목적을 실현한다(Realize)

바로 이 프로세스에 따르는 것이다. 나는 각 과정의 이니셜을 따서
'CIDER'(일명 사이다)라는 공식을 만들었다. 이것을 사용하는 방법은
지금부터 이 책을 통해 여러분과 함께 나누고자 한다.

먼저 1장에서는 평소 우리가 글쓰기를 어렵게 느끼는 이유를 짚어보
고, 어떻게 그것을 극복해야 하는지 방향을 제시하고자 했다. 2장에서
5장까지는 CIDER 공식을 글쓰기에 적용하기 앞서 갖춰야 할 기본 지
식을 담고 있다. 마지막으로 6장에서는 이 공식을 실제적으로 적용하
는 법을 소개하고 구체적 사례를 들었다.

비즈니스 글을 '써야만 하는' 숙명을 지닌 이들에게 CIDER 공식이
만능열쇠가 될 수 있을 것이라 믿는다. 나는 간절히 바란다. 빠르게 변
화하는 세상, 그 중심에 선 불안한 당신에게 이 책이 부디 '닻'이 될 수
있기를….

차 례

작가의 말 간단하고 쉬우면서도 효율적인 글쓰기를 위하여 · *005*

들어가며 비즈니스 글쓰기에도 공식이 있다 · *009*

1장 나는 왜 글쓰기가 어려운 걸까

글을 창의적으로 쓰려는 나 · *020*

무조건 쓰면 안 된다 · *027*

관계를 고려해 현명하게 대처하라 · *035*

진짜 고수는 어려운 말을 쓰지 않는다 · *042*

'왜 쓰는가'를 알면 글이 술술 풀린다 · *048*

2장 늘 독자를 고려하라

독자 입장에서 생각하면 답이 나온다 · *058*

요즘 독자들의 경향은 이렇다 · *064*

'읽히기 위해' 지금 당장 해야 할 일 · *072*

독자 선택 시 '송곳처럼 뾰족하게' · *080*

독자의 시선을 붙잡는 비밀 병기 · *088*

독자는 지금 어디에 있는가 · *096*

3장 핵심 메시지를 정하는 법

죽어도 기억해야 할 한 가지 · 104

입보다 귀를 바쁘게 하자 · 110

묻는 말에만 제대로 답해도 좋다 · 116

말하지 않아도 아는 것은 세상에 없다 · 124

정곡을 찌르는 답을 하라 · 130

4장 칼퇴를 이끄는 글쓰기의 비밀

비즈니스 글의 특성을 이해하면 단순하다 · 140

비즈니스 글은 쉬워야 한다 · 148

설득과 제안 시 '2W1H'를 채우자 · 158

구체적인 글이 이해를 높인다 · 181

위기 상황에 대처하는 법 · 192

5장 목표 달성을 촉진하는 글 전개법

잘 키운 이미지 하나 열 글 안 부럽다 · 208
잘 정한 장소 하나가 전달력을 높인다 · 216
글 속에 독자를 투입하고 가둬라 · 223
가둔 물고기도 되돌아보자 · 227

6장 '사이다' 공식만 알면 끝!

홍보글 1: SNS 글쓰기 · 239
홍보글 2: 홈페이지 글쓰기 · 244
홍보글 3: 유튜브 글쓰기 · 249
홍보글 4: 카드뉴스 글쓰기 · 254
홍보글 5: 보도자료 글쓰기 · 258

1장

나는 왜 글쓰기가
어려운 걸까

글을 창의적으로 쓰려는 나

'어떻게' 쓸 것인가에 집중하라

"뭘 써야 할지 모르겠어요."

처음 의원실에서 홈페이지에 게시할 글을 쓰라는 지시를 받고 이 말을 했던 것 같다. 결국 고민만 계속하다 보고 시간을 맞게 되었다. 첫 글이니 긴장도 되고 나름대로 잘 보이고 싶은 욕심에 무엇을 쓸지 고민하느라 내게 주어진 일을 하지 못했던 것이다. 다시 또 이 말을 내뱉었을 때 의원은 "아니, 내가 뭘 쓰라고 이야기를 해줬는데, 그걸 왜 다시 본인이 고민하고 있어"라고 말했다.

결국 옆에 있던 선배 비서관이 더는 안 되겠는지 지역구에 있는 보좌관이나 시의원, 구의원에게 도움을 청하라 조언해줬다. 뭘 쓸지 큰 맥락은 의원님이 잡아줬으니 어떻게 채울지를 논의하라는 것이었다.

주제가 있는 글을 쓰면서도, 내용이 뻔한 글을 쓰면서도 나도 모르게 '창작' 욕구가 올라왔던 것 같다. 어떻게 하면 좀 튀게, 어떻게 하면 좀 색다르게 써볼까 고민하면서 근간이 흔들리는 경우를 참 많이 본다.
재미있는 말을 인용하고 싶어 쓰다 보니 재미있는 말만 남고 정작 중요한 핵심 메시지는 사라지는 일도 생긴다. 아전인수(我田引水)의 형태가 글쓰기에서도 나타나는 것이다.

많은 사람이 글을 쓰는 것에 대해 불안함과 막막함을 느낀다. 그래서 글쓰기에서 뭐가 가장 어렵냐고 질문을 던지면 '무엇을 써야 할지 모르겠다'는 말로 마음을 표현한다. 물론 소설이나 시 같은 문학 장르는 무엇을 쓸지를 결정하는 문제가 굉장히 크다. 그러나 우리가 쓰는 비즈니스 글은 대부분 '무엇을' 쓸지를 결정할 일보다는 '어떻게' 써야 할지를 생각해야 할 경우가 더 많다. 무엇을 써야 할지를 해결하기 위해 내가 직접 고민하고 움직여야 하는 상황은 많지 않다. 상사나 고객에게서 그것을 전달받는 경우가 훨씬 더 많기 때문이다. 보고서만 하더라도 누군가로부터 주제를 지시받고 우리는 그 주제에 대한 답과 그 답을 뒷받침할 자료를 찾아넣으면 되는 것. 보도자료 역시 마찬가지다. 어떤 행사, 상황 등에 대해 써야 한다는 큰 맥락은 정해져 있고, 기자가 궁금해할 만한 내용을 채워넣는 것이 우리의 역할이다.

비즈니스 글은 '답정너'다

비즈니스 글을 써야 하는 일이 생기면 많은 사람이 무엇을 쓸 것인가를 두고 많은 시간을 소비한다. 나도 그랬다. 비즈니스 글이 다른 글과 달리 '답정너'('답은 정해져 있고 너는 대답만 하면 돼'라는 뜻의 신조어)라는 사실을 인식하지 못했을 때의 일이다. 비즈니스 글은 앞서 말한 것처럼 그 주제나 내용이 독자에 의해 정해진다. 우리가 해야 할 일은 그 주제와 관련해 필요한 정보를 백업하고 보기 좋게 구성해 정리하는 것이다. 따라서 창의성이 발휘될 필요가 없다.

하지만 그 사실을 잊은 채 '무엇을 쓸까'를 계속 고민하고, 그와 관련해 끊임없이 자료 조사를 하고, 그 자료 조사는 또다시 옆길로 새어나가 시간을 허비하게 만든다. 그래서 비즈니스 글쓰기에서는 이것이 중요하다. 나에게 글을 요청하는 사람이 내게 무엇을 요구하고 있는지를 잘 듣는 것. 이것이 비즈니스 글쓰기의 첫 번째 단계다.

내가 만났던 상사와 회사 대표들도 비슷했다. 거의 답이 자신들의 머릿속에 있다. 보고를 받고 싶은 이유나 배경도 자기 안에 있고, 그 결론도 자기가 대략적으로 내놓고 있다. 그래서 지시받는 입장에서 딴생각을 하거나, 혼자만의 방향을 설정하고 귀를 닫은 채 미팅을 한 경우 어김없이 '방향이 틀렸다'라는 좋지 않은 피드백이 돌아오곤 한다.

나는 이 상황을 종종 미용실에 비유한다. 나는 직업적 특성상 20대부터 지금까지 늘 정갈하고 차분한 스타일의 길지 않은 머리 길이를 유지하곤 했다. 특히나 강의가 자주 있는 요즘에는 머리 색깔도, 펌의 모양도 늘 비슷하게 유지한다. 그러다 작년쯤 급하게 머리를 손봐야 해서 당장 시술이 되는 미용실을 가게 되었다. 처음 간 곳인 만큼 내 직업적 특성을 충분히 설명하고 내가 원하는 머리 스타일을 위해 10분 넘게 상담했다. 결과는 참담했다. 미용실 원장님은 내 의도와 전혀 관계없이 본인의 예술혼을 불태운 것이다. 머리가 완성된 후 내가 컴플레인을 했는데, 그때 돌아온 답은 "손님한테 잘 어울릴 것 같아서"였다. 이런 경험이 누구에게나 한 번쯤 있을 것이다.

미용실에 본인이 원하는 머리 스타일 사진을 들고 가는 고객처럼 상사 머릿속에는 이미 그려진 그림이 있다. 우리가 비즈니스 글쓰기에 굳이 창의력을 발휘하지 않아도 되는 이유다. 다시 강조하지만 비즈니스 글쓰기에서는 무엇을 쓸 것인가보다 어떻게 쓸 것인가에 집중하라. 어떻게 해야 그 내용을 효과적으로 전달할 수 있는가를 깊게 고민하는 것이 중요하다.

새로운 것을 찾다 보면 글을 망친다

"비즈니스 글쓰기를 잘할 수 있는 원동력이 뭘까요?"

"글을 잘 쓰려면 어떻게 해야 하나요?"

이제는 박사 논문까지 패스하고 한 대기업의 차장으로 근무하고 계시는 분이 처음 글쓰기 코칭을 시작했을 때 내게 물었던 질문이다. 나는 그에게 되물었다.

"어떤 능력이 필요하다고 생각하시는데요?"

그는 '창의력'인 것 같다고 답했다. 아마도 많은 사람이 이와 동일한 생각을 할 것이다. 나의 답은 '아니다'이다. 하늘 아래 새로운 것이 없듯 글도 마찬가지다. 비즈니스 글에서는 개념을 약간 비틀거나 의미를 부여하는 것 정도가 새로운 범주에 속한다. 그런데 사람들은 본인이 쓰는 글이, 제목이, 카피가, 보고서 내용이 하늘 아래 없던 아주 새로운 것으로 표현되기를 바란다. 엄청난 욕심이다.

비즈니스 글은 창의적일 필요가 없다. 답은 나와 있고, 그 답을 얼마나 효율적으로 세련되게 보여주는지의 문제다. 보고서의 답은 상사가 쥐고 있고, 보도자료의 답은 기자가 쥐고 있다. 답을 내가 정할 필요도 없고, 그 답으로 나아가는 과정 또한 꼭 필요한 몇몇의 구성 요소만 갖추면 굳이 창의성으로 고민하지 않아도 된다. 창의성까지 가지 않고 쉽게 해결될 수 있는 문제가 바로 비즈니스 글이라는 뜻이다.

- 뭔가 탁 튀는 것!
- 뭔가 새로운 것!
- 뭔가 재미있는 것!
- 뭔가 대단한 것!
- 뭔가 있어 보이는 것!

적어도 우리가 비즈니스 글을 쓸 때는 이런 것들은 그만 찾아도 된다. 비즈니스 글은 목적이 분명하다. 창의적으로 보이고 싶은 욕심이 커지면 그 목적에 집중하지 못하고 구구절절하게 쓰게 된다. 결국은 알맹이 없이 껍데기만 남는다.

나도 글을 쓰다 보면 '와, 정말 내가 이런 말을 썼어?' 하는 대목이 생긴다. 하지만 그 대목은 그저 사족일 뿐이다. 전반적인 글의 흐름을 망치는 주요 원인이 된다. 비즈니스 글을 쓸 때는 굳이 창의적 요소, 흥미 요소를 넣기 위해 애쓰지 말자. 자신이 써야 할 글의 목적을 파악하고, 독자를 어떻게 내 글 앞에 데려다 앉힐 것인지 고민하는 데 시간을 써야 한다.

무언가 '창의적'으로 써야 한다는 압박감에서 벗어나면 훨씬 더 즐겁게 글쓰기를 시작할 수 있다.

무조건 쓰면 안 된다

붓을 거꾸로 잡으면 좋은 그림을 그릴 수 없다

나는 어릴 적부터 미술을 참 못했다. 그렇다고 미술을 싫어하던 아이는 아니었다. 노을이 내려앉을 때면 스케치북과 물감, 붓을 들고 시골집 옥상에 올라가 그 풍경을 담고자 하는 욕심도 있었다. 당시 EBS에서 턱수염이 하얗게 난 아저씨가 계곡을 기가 막히게 그려내는 것을 보면서 나도 할 수 있을 것 같다는 막연한 자신감이 들기도 했다. 그런 내가 어쩌다 그림 그리는 것을 무서워하게 되었을까?

돌이켜보건대 나의 미술 기피증은 초등학교 4학년쯤 시작되었던 것 같다. 아니 더 정확하게 말하면 나는 그때 처음으로 내게 미술적 소질이 없다는 것을 깨달았다. 나는 그린다고 그리는데 영 다른 그림이 탄생하고, 내가 머리로 상상한 장면과 전혀 다른 것이 스케치북에 형상화되었을 때의 그 자괴감이란, 당해보지 않으면 모를 것이다. 당시 담임 선생님은 그것을 깨닫고 절망하는 내게 "그래도 계속 무엇이든 그냥 그려봐. 그렇게 연습하면 될 거야"라고 격려해주셨다. 하지만 선생님이 이런 격려를 해주지 않았다면 어땠을까. 내가 그때보다는 조금 더 발전하지 않았을까라는 생각이 든다.

내가 이렇게 이야기하면 대부분의 사람은 고개를 갸웃거린다. 기죽이지 않고 희망을 주었으니 좋은 선생님이 아니냐는 것이다. 하지만 이제 나는 '무조건, 그냥 그려라'는 말이 잘못되었다는 것을 잘 안다. 당시의 나는 그 말을 믿고 일 년 넘게 옥상에 올라가 노을을 그렸다. 그렇게 안간힘을 다 썼는데도, 끝내 미술을 포기하고 말았다. "누가 토한 것 같아"라는 친구의 평가가 결정적이었다.

나는 종종 글쓰기 코칭과 강의를 하면서 생각한다. 그 '무조건', '그냥'이라는 말이 얼마나 큰 폭력이 될 수 있는지 말이다. 누구나 돈만 있으면 좋은 물감과 좋은 붓, 좋은 스케치북은 가질 수 있다. 하지만 그림을 못 그린다는 것은 그 좋은 물감을 어느 정도로 물에 섞어야 하는지, 붓을 어떻게 터치해야 음영이 잘 표현되는지를 모른다는 것을 의미한다. 그 부분을 짚어주지 않으면 백날 혼자 1,000장을 그려봤자 그림 실력은 크게 늘지 않는다.

그래도 그렇게 혼자라도 노력하면 좀 나아지지 않느냐 묻는다면 물론 그렇다. 노력하고 또 노력하면…. 하지만 시간이 너무 더디다. 전문가로부터 조언을 듣고 스킬을 배우면 몇천 장의 종이와 물감을 쓰지 않아도 그 실력은 일취월장할 것이다. 그것이 좋은 스승이 있고 없고의 차이이기도 하다.

특히 비즈니스 글은 항상 시간이 넉넉하지 않다. 실수하고 깨달을 시간이 충분하지 않다. 실수가 계속되면 회사에서 좋은 평가를 받기 어렵고, 깨닫고 나면 고객은 이미 다른 제품을 사서 떠나버린 뒤일 것이다. 따라서 글도 무조건 쓰면 안 된다.

상을 잘 받는 법

내가 지금까지 글로 먹고사는 데는 스승 두 분이 계셨기에 가능했다고 생각한다. 한 분은 초등학교 3학년 때 담임선생님, 또 다른 한 분은 내가 모셨던 국회의원이다. 그런데 놀랍게도 그들이 내게 했던 조언은 완벽하게 일치한다. '독자를 의식하라'는 것. 아무리 좋은 이야기도 독자가 듣고 싶은 이야기가 아니면 그냥 흐르는 물처럼 흘려버리라는 것이 그들의 이야기다.

나는 그 선생님 덕분에 초등학교 내내 전교는 물론 지자체, 기업에서 주최하는 글짓기 대회에서 상을 휩쓸었다. 타고난 역량 때문이 아니었다. 그저 선생님이 '심사위원은 이런 글을 좋아한다'고 한마디 해주셨고, 나는 그것을 고려하면서 글을 썼을 뿐.

내가 특히 두각을 나타낸 분야는 일기였다. 내가 다니던 학교에서는 일기를 잘 쓴 학생에게 한 달에 한 번 상을 수여하곤 했다. 내가 자주 썼던 일기 제목은 '도덕 시간'이었고, 나는 이 제목과 주제로 4년 내내 매달 상을 받았다. 당시 어린 내가 쭉 관찰해보니 부모님과 어디를 놀러 갔다 왔다든지, 동생과 싸웠다든지, 친구와의 관계가 고민된다는 이야기는 상을 받는 경우가 그리 많지 않았다. 그 주제로 쓸 수 있는 이야기는 뻔한 것이었으니까.

'도덕 시간'이라는 주제의 경우 일단 쓰는 것이 어렵지 않았다. 도덕 시간에 배운 내용을 복기하면서 그 시간에 생각하거나 깨달은 것을 하나둘 나열하며 정리하면 되었다. 어쨌거나 선생님은 명확한 주제를 가지고 수업을 진행했을 테니, 그에 따른 일기 역시 일관성 있게 진행이 되었던 것. 느낀 점을 쓰는 것도 상대적으로 쉬운 일이었다. 게다가 심사위원은 모두 선생님. '도덕'이라는 주제 자체가 선생님들이 좋아하는 분야가 아니던가. 자신이 수업한 내용에서 깨달음을 얻고 성장하는 아이의 모습을 보여줬으니 얼마나 기쁘셨을까. 좋은 글쓰기의 요건을 다 갖

춘 셈이었다.

결국 나는 선생님의 조언을 토대로 철저히 '심사위원이 좋아할 만한' 초등학생의 모습과 생각을 글로 구현했던 것이다. 지금 생각해보면 참 영악하다.

박영선 전 국회의원을 비서로서 보좌하던 시절에도 마찬가지였다. 그녀는 내가 처음 글을 썼던 순간부터 '시민', '유권자'를 생각하라고 주문했다. 내가 글을 써서 들어가면 '읽는 이가 이것을 진짜 궁금해할까?' 라는 식의 질문을 던졌다. "우리가 보여주고 싶은 것 말고, 지역 주민이 보고 싶은 걸 써야지" 하는 조언도. 이 말장난 같은 말이 그 당시 나를 얼마나 힘들게 했는지 모른다.

하지만 그 피드백을 듣고 나와 다시 생각해보면 그녀의 말이 맞았다. 나는 알리고 싶지만, 지역 주민은 그다지 알고 싶어 하지 않을 내용이 글에 자리 잡고 있었던 것. 지금에 와서 생각해보면 그녀가 앵커 출신이었기에 가능한 피드백이었던 것 같다. 앵커는 늘 시청자가 보고 싶어 하는 것을 가장 빠르게, 또 가장 명확하게 전달해야 하는 사명이 있는 사람 아닌가. 앵커가 만약 시청자가 궁금해할 만한 내용이 아니라 그저 자신의 입맛대로 취재한 사건 과정을 쭉 설명한다면, 반응이 어떨까? 거기에 답이 있었다.

유권자 입장에서, 국민 입장에서, 때로는 특정 집단 입장에서 듣고 싶은 이야기를 쓰라는 말. 이 말은 내 평생의 거름이 되었다. 나는 그 가르침을 통해 이후 어떤 조직에 가서든 상사에게나 독자들에게나 과분한 사랑을 받을 수 있었다.

'무조건'이라는 말은 폭력입니다

아픈데 그냥 한번 참아보라든지, 괴로운데 무조건 견디라든지 하는 식의 말을 나는 '폭력'이라 부른다. 아프면 왜 아픈지 찾아서 도와줘야 하고, 괴로우면 어떤 부분이 괴로운지 알아보고 그 요인을 제거해줘야 한다. 견디는 것이 능사가 아니다. 글을 쓰는 것도 마찬가지다. 어떤 이유로 글을 쓰지 못하는 사람에게 한 시간을 주며 '무조건' 써보라 하는 것은 정서적 학대다.

사람은 각기 다른 생각과 상황 속에서 살아간다. 글에 두려움을 느끼게 된 이유도, 글을 잘 쓰지 못하는 이유도 다 다를 수밖에 없다. 그런데 '다작'만이 답이라며 무조건적 글쓰기를 강요하면 글쓰기에 대한 문제가 근본적으로 해결되지 않는다. 글을 쓰는 것이 어려울 수는 있으나 괴로워서는 안 된다. 그런데 이렇게 무조건 써보자, 그냥 한번 해보자는 태도로 덤비면 글 쓰는 것이 괴로워진다. 어려움이 해소될 가능성 역시 매우 낮다.

나 역시 글쓰기에서 무엇이 중요한지 모르고 그저 열심히 쓰기만 했다면, 무조건 써야 실력이 늘 것이라는 전제에 집착했다면 절대 오늘날의 나는 없을 것이라고 확신한다. 그도 그럴 것이 그렇게 가르쳐주고 이끌어주는 스승이 있었어도 나는 여전히 글쓰기가 두렵고 어렵다. 다만 예전에 비해 그 두려움의 정도가 줄어들고, 어려움이 상당 부분 해소되면서 글 쓰는 것이 괴롭지 않아진 것일 뿐.

그런 점에서 무조건 쓰는 것보다 중요한 것은 내가 무엇에 어려움을 느끼고, 어디서 자꾸 나아가지 못하고 있는지를 파악하는 일이다. 누구나 글의 재료는 가지고 있다. 실제 소재가 부족하고 아이디어가 없어서 보고서를 못 쓰고, 홍보글을 못 쓰는 사람은 거의 없다. 어딘가 막막한 느낌이 들고 그 답답함 때문에 나아가지 못하는 것인데, 이런 사람에게 그저 무조건 계속 써보라 하는 것은 폭력이고 시간 낭비일 뿐이다.

글쓰기에 두려움이 있어서 한 발자국도 나아가지 못하고 있는 것이라면 그 두려움을 깨줘야 한다. 두려움이 어디에서 나오고 있는지, 그 원인을 찾아보고 잘 쓰는 글에 대한 고정관념과 편견을 깨야 한다. 특히 굳이 어려운 단어나 세련된 어휘를 많이 알지 않아도 얼마든지 좋은 글을 쓸 수 있다는 점을 알아야 한다. 화려한 언변을 구사해야만 말을 잘하는 것은 아닌 것처럼 말이다. 누구나 김훈 작가, 공지영 작가, 유시민 작가가 될 필요는 없다.

예를 들어 상사를 포함한 독자에게 외면당하거나 깨질 것이 무서워 쓰지 못하는 것이라면, 글이 곧 관계임을 인식할 수 있도록 도와줘야 한다. 그리고 독자를 파악해야 할 필요성을 이야기해주고, 독자와의 관계를 개선시키는 방법을 알려줘야 한다. 그리고 독자를 기다리게 하는 글은 어떻게 써야 하는지 배워야 할 것이다. 또 글을 쓰는 것 자체는 안 무서운데, 글을 쓰는 것이 크게 효과가 없는 것 같아 포기하고 싶은 사람도 있을 것이다. 실컷 홍보글을 쓰고 카피를 만들어 붙였는데 매출로 이어지지 않는 경우 백번을 해도 소용이 없다는 자괴감에 빠지는 순간 글쓰기는 멀어진다. 이 경우도 무조건 쓰라고 하는 것보다는 글로 독자를 설득하는 방법을 알려주고 써보게끔 해야 한다.

시간이 가면 실력은 늘기 마련이다. 좋은 책을 읽고, 훌륭한 스승을 만나는 이유는 그것에 걸리는 시간을 줄이기 위해서다. 글을 평생의 짐으로 가져갈 것이 아니라면 무조건 쓰는 식의 무모함을 당장 접고 현재의 나를 돌아보기를 바란다.

관계를 고려해 현명하게 대처하라

비즈니스 글은 관계다

　비즈니스 영역에서의 글은 화려한 언변이나 천재성으로 귀결되지 않는다. 아무리 언변이 좋고 글발이 뛰어나도 상사와의 관계가 좋지 않으면 그것으로 끝난다. 글을 잘 쓰는 것만큼이나 좋은 관계를 유지하는 것이 중요한 이유이기도 하다. 마찬가지로 글을 쓰는 사람이 고객을 존중하지 않고 무시한다면 절대로 그 고객의 마음을 얻을 수 없다.

　아무리 좋은 글이라도 쓴 사람의 마음에 들지 않으면 버려진다. 그래서 비즈니스 영역에서의 글은, 글이기 전에 관계임을 기억해야 한다. 관계에는 정답이 없는 것처럼 글에도 정답이 없다고 주장하는 이유이기도 하다. 아무리 잘 쓴 글도 관계에 오해가 발생하면 신뢰할 수 없는 글이 된다. 쓰는 족족, 사사건건 미움을 받는 글이 된다.

반면 내 글을 읽는 사람과의 관계가 좋으면 내가 글을 통해 성취하고자 하는 목적 달성이 유리해진다. 승진을 하고, 사업 투자를 받고, 제품을 납품할 수 있는 기회를 얻는다. 사실 더 냉정하게 말하면 관계만 좋다면 글이야 어떻든 이러한 결과를 얻기에는 무리가 없을 것이다.

따라서 글을 읽어줄 사람과의 관계를 잘 맺는 것이 매우 중요하다. 그 관계에서 어긋나면 우리는 곧장 '주도권이 없는 글쓰기'를 해야 할 수도 있다. 쉽게 말하면 내 의지와 전혀 관계없이 그저 불러주는 대로 받아써야 하는 신세로 전락할 수도 있다는 뜻이다.

이것은 생각보다 쓰는 사람에게 엄청난 스트레스를 준다. 어차피 인정받지 못할 테니 아예 쓰지 말까 싶다가도 그렇다고 안 쓰면 안 썼다는 소리를 듣게 될 것이다. 그나마 그 독자가 글에 대한 기본 감각이 있고 디렉션이 명확하면 좋은데, 그렇지 않을 경우 우리는 직장 생활이나 사업에서 위기를 맞을 수 있다.

나도 그런 경험이 있다. 나의 독자이자 클라이언트였던 A대표는 30년간 그 분야에서 일을 해온 사람이었다. 자타공인 전문가였다. 그런 사람이 내게 전문 영역에 대한 홍보를 맡기고는 내심 불안했던 것 같다. '과연 이 어려운 전문 영역을 저 사람이 제대로 표현해낼 수 있을까?

여기서는 기술이 중요한데, 저 사람이 기술도 모르고 어떻게 글을 쓴다는 거지?' 내게 직접 말하지는 않았지만 글을 읽고 피드백을 하는 과정에서 그 감정이 읽혔다.

"좀 더 총명한 느낌으로 나왔으면 좋겠는데…", "좀 더 생동감 있는 표현 없을까요?", "우아하게 표현되길 원해요" 등 도대체 그 뜻을 알 수 없는 요구 사항이 튀어나왔다. 총명한 느낌의 글이란 무엇일까? 기술을 우아하게 표현한다는 것이 무엇일까? 도대체 감을 잡을 수가 없었다.

사실 이러한 경우는 아무리 대화를 하고 상대를 설득시키려 노력해도 그 사람이 실제 원하는 것을 맞춰주기 어렵다. 내가 선택한 방법은 그 독자가 말한 내용을 다 녹음한 후 그가 자주 언급한 전문 용어를 파악하고 그 뜻을 찾아보며 이해하는 것이었다.

이후 나는 그와의 미팅 자리에서 그렇게 익힌 전문 용어를 쓰면서 대화를 시작했고, 결과는 180도 달라졌다. 내가 완벽한 전문가는 아니지만 상대는 자기 분야를 존중하고 배우려는 태도를 갖췄다는 것에 대해 높이 평가한 것이다. 그러면서 그때부터는 자기 영역에 대해 보다 자세하고 친절하게 설명을 해줬고, 결과물에 대해서도 적극적으로 내 이야기에 귀를 기울이며 수긍해줬다. 디렉션과 피드백 역시 더욱 명확해졌다. 당연히 결과물은 성공적으로 도출되었다.

처음 관계를 맺으며 형성하는 신뢰와 이미지가 중요한 이유가 여기에 있다. 첫 단추가 잘못 끼워진 경우 그것에 대해 정확하게 인식하고 관계를 회복하기 위한 노력이 필요하다. 그 과정을 통해 독자에 대해 제대로 이해할 수 있고, 또 그래야 좋은 글을 쓸 수 있다.

머리가 두 개인 호랑이

글을 읽다 보면 어떤 글은 한 사람이 쓴 글이 아니라는 생각이 들 정도로 산만한 경우가 있다. 이 말 했다가 저 말 했다가…. 마치 어떤 것도 놓치고 싶지 않은 욕심이 느껴진다고나 할까. 어떤 상황일까?

한 사람이 썼는데도 그런 느낌을 받을 때가 있다. 쓴 사람이 무슨 이야기를 써야 할지 몰라서 갈팡질팡하는 경우다. 혹은 전달해야 할 것이 너무 많다 보니 어느 쪽에도 무게 중심을 두지 못하고 산만하게 글을 전개하는 경우도 있다.

하지만 이런 느낌이 들었다면 실제 쓴 사람은 한 사람일지라도 이 사람을 흔드는 숨은 세력이 적어도 두 명 이상인 경우가 대다수다. 이런 상황이 글을 쓰는 데 가장 힘든 여건이 아닌가 싶다. 글을 쓰는 사람으로서 가장 힘이 빠질 때가 '어차피 내 마음대로 쓸 수 있는 게 없어'라는 생각이 들 때다. 아무리 비즈니스 글이 답정너라 하지만 상사에게 모든 결정권을 빼앗겨버리거나 잘 보여야 하는 사람이 여럿일 때는 글을 잘 쓰고 싶다는 생각이 사그라들기 일쑤다.

물론 1인 기업 대표나 취업 준비생 등 누군가의 눈치를 보지 않아도 되는 사람도 이 같은 실수를 할 가능성은 있다. 주변 사람의 말 한마디에 휘청거리는 것이다. 자기 생각이 확고하지 않고 마음이 조급하다 보니 그런 조언을 분별력 없이 다 수용하는 것이다.

하지만 대부분은 관계에 의해 난도질된 경우다. 처음에는 글을 쓰는 사람이 한두 개의 메시지를 글에 담았으나 상사가 "이 내용도 넣어야 하지 않겠어?"라며 거들고, 또 다른 상사 손에 갔을 때 "이 내용 빠트렸네" 하는 상황이 펼쳐진다. 각자 자기 시선에서 중요한 메시지를 넣다 보니 도대체 정체를 알 수 없는 '잡탕' 글이 탄생하게 되는 것. 실무자 입장에서야 거기서 설득하는 것도 어렵고, 그렇다고 뜻을 거스르는 것도 어려우니 고개를 끄덕이곤 시키는 대로 써서 갈 수밖에 없는 노릇이다. 실제로 강의를 하다 보면 이런 어려움을 전하는 실무자들의 이야기를 심심치 않게 접하곤 한다.

이런 경우 글의 퀄리티가 하루아침에 좋아지기는 매우 힘들다. 한두 사람의 노력으로는 바꿀 수 없는 '분위기'라는 것이 존재하기 때문이다. 게다가 그렇게 쉽게 태도를 바꾸지 않는 사람은 상사일 가능성이 높다. 부하직원 입장에서는 그 상사도 한 명의 독자이니 그가 원하는 대로 써줘야 하는 것이 맞다. 어떠한 경우에도 부하직원이 상사를 뜯어고쳐 그 사람의 마음을 바꾸는 것은 불가능하다.

행여 부하직원에 의해 상사의 태도가 바뀌었다 하더라도 그 과정에서 분명 크고 작은 신경전이 발생할 수밖에 없다. 그때 손해를 보는 사람은 당연히 부하직원이다.

그래서 나는 굳이 상사의 교육해서 마인드를 변화시킨 후 글의 퀄리티를 고수하라 조언하지 않는다. 그저 독자인 상사의 비위를 맞추라 한다. 그가 행여 너무 별로인 글 스타일을 고수한다 하더라도 사실 방법이 없다. 글 전체의 흐름을 흐트러트린다 하더라도 할 수 없는 노릇이다. 조직 생활을 해본 내 입장에서 돌아보면 영 마음에 들지 않더라도 그것이 오히려 최선인 경우가 많기 때문이다. 안타깝지만 이게 현실이기도 하다. 게다가 상사가 한 명 이상일 경우 사실상 조직 내 정치 싸움으로 비화되는 것이 다반사기 때문에 분위기를 봐서 적당히 조정하며 가야 한다. 불필요한 잡음은 최대한 피해야 한다.

이런 환경에서 파생되는 문제를 없애는 단 하나의 방법은 상사에게 달려 있다. 그가 교통정리를 해줘야 한다. 믿는 이를 하나 두고 그의 기준에서 글을 보고 수정할 수 있도록 해야 한다. 그렇지 않으면 길 잃은 글을 계속 양산해낼 가능성이 크다.

진짜 고수는 어려운 말을 쓰지 않는다

비즈니스 관계자는 몹시 바쁘다

인터넷 한자사전을 열고 잘 모르는 한자를 따라 그린다. 마침내 모니터에 한자의 음과 뜻이 나타난다. 또 다른 한자를 마우스로 그리기 시작한다. 그렇게 조합된 글자, 하지만 이번에는 그 단어의 뜻이 아리송하다. 검색창을 열고 단어의 뜻을 찾아본다.

의원 앞으로 온 초청장을 처음 받고 그 내용을 해독하기 위해 내가 한 짓이다. 모르는 한자어를 굳이 알아보기 위해 이토록 애를 썼던 것은 이날이 처음이자 마지막이었다. 이날은 내게 아무런 업무도 주어지지 않은 첫 출근 날이었기에 가능했던 일이다. 과연 이렇게 성의 있는 독자가 세상에 있을까? 특히나 비즈니스 영역에서? 단언컨대 없다.

이후 나는 어려운 한자가 난무한 초청장이나 문서를 받으면 일단 옆으로 재껴두었다. 물론 그중 꼭 봐야 할 필요가 있는 문서는 나중에라도 물어가며 읽었지만, 이런 문서는 대부분 우선순위에서 밀려났다.

국회에서 근무하던 시절, 기억에 남는 사람이 있다. 초청장부터 편지, 제안서에 이르기까지 한자를 빼놓지 않고 써서 문서로 가져오던 단체 대표님. 한자에 취약한 나는 그분이 보내는 문서가 그저 부담일 뿐이었다. 내게는 그것을 일일이 해석해 내용을 알아볼 시간적, 물리적 여유가 없었다. 내용도 모르겠고, 그 글이 왜 중요한지, 거기에 의원이 가야 하는지 말아야 하는지 판단이 서지 않았다. 그래서 그가 보낸 초청장이나 제안서에 아무런 응답을 하지 않고(못하고) 있었다. 그러던 어느 날 그분이 오셨길래 "도대체 왜 한자를 자꾸 써서 보내세요? 이 한자 읽느라 일을 못 해요" 하고 이유를 물었다. 그랬더니 "그렇게 있어 보이게, 유식하게 써야 한 번이라도 더 봐줄 것 같아서"라는 답이 돌아왔다. 한자나 전문 용어가 들어가 있어야 본인 글이 특별해 보인다는 생각이 불러온 대참사였다.

여전히 국회로 전해지는 많은 문서가 이와 패턴이 비슷하다. 아마도 '센 척', '있는 척', '똑똑한 척' 등 '척' 문화에 길들여진 우리의 뿌리 깊은 악습에서 비롯된 현상이리라. 글에서조차 있어 보이고 싶은 그 심리가 무분별한 한자, 영어 사용을 부추기고 있는 것이다. 글이 의사소통 수단으로 사용되지 못하는 대표적 예다.

하지만 글을 읽어야 하는 입장에서는 그렇게 어려운 글을 해석해가며 읽을 정도로 시간이 넉넉하지 않다. 지위고하와 남녀노소를 불문하고 누구나 쉬운 선택을 먼저 하게 된다. 내용이 어려워 보이거나 결정이 힘들어 보이면 미루고 싶은 심리가 누구에게나 있다. 게다가 결정도, 선택도 많이 해야 하는 비즈니스맨에게 어려운 글은 그저 소중한 시간을 낭비하게 하는 장애물일 뿐이다. 글을 읽어야 하는 입장이 되면 누구나 비슷할 것이다.

그냥 쉽게 나 자신을 한번 돌아보자. 한자와 전문 용어가 난무하는 보고서나 글을 받았다면 그 내용을 해독하고자 긴 시간을 들일 것인가. 그러면 답이 나온다. 나도, 여러분도 그럴 리가 없다.

그런데 도대체 왜 사람들은 컴퓨터 앞에 앉아 쓰는 입장만 되면 여전히 어려운 말 찾기에 혈안이 되어 있을까? 읽을 때는 쉬운 것만 찾아 읽고, 쓸 때는 어려운 말만 찾아서 쓰는 아이러니란. 도대체 이해할 수 없는 대목이다. 한글로 쓰여진 쉬운 글도 읽을까 말까인 세상인데 어려운 한자나 전문용어로 독자를 떠나보내지 않기를 바란다.

　있는 척은 '한자'나 '전문 용어'에서 끝나지 않는다. 내로라하는 컨설팅 회사에서 일하는 A씨는 입사 전부터 입사 2년차까지 내게 개인 코칭을 받았다. 제안서부터 보고서, 결과 보고서까지 다양한 글을 써야 했는데, 그가 글쓰기를 배우면서 놓지 못했던 질문이 하나 있다.

　"뭐 특별한 거 없을까요?"

　"좋은 고사성어, 사자성어, 명언 같은 거 없을까요?"

　실제로 그는 종종 과제물에 고사성어나 사자성어 등을 섞어서 써오곤 했다. 문제는 그조차도 그 뜻을 정확하게 모른다는 것이다. 뜻이나 의미, 맥락을 제대로라도 파악하고 있다면 그나마 다행인데, 그렇지 않은 채로 글을 쓰다 보니 글의 내용이 일관성도 없고 중구난방으로 전개되었다. 결국 핵심 메시지 따로, 고사성어 따로 노는 글이 완성된다. '있어 보이게' 만들고 싶었던 글이 오히려 그런 것 때문에 '없어 보이는' 글이 되는 것이다.

　게다가 그 글을 소비할 사람이 나처럼 한자어에 익숙하지 않은 사람일 경우 그 모든 '특별함'은 무용지물 쓰레기로 전락한다. 물론 나의 상사, 나의 고객이 될 사람이 사자성어를 좋아하고, 고사성어에 능통한 사람이라면 이야기가 달라진다. 아무리 글쓰기 악습이라도 그들이 원한다면 그렇게 해줘야 한다.

일반적으로는 이것이 맞다. 비즈니스 글은 읽고 직관적으로 내용을 이해할 수 있어야 한다. 어려운 단어나 문장의 의미를 추측하고 따져보기에는 시간이 부족하다. 또한 추측은 곧 오류와 연결될 가능성이 높기 때문에 매우 위험하다.

잘 생각해보면 진짜 고수는 어려운 말을 쓰지 않는 법이다. 고수는 말이나 글에서 잘난 척을 하지 않는다. 고수는 가능한 한 쉽게 자기가 알고 있는 것을 상대에게 설명한다. 그래서 그 사람 앞에 가면 어떠한 상대라도 배움이 쉬워진다. 오히려 덜 아는 사람이 글을 어렵게 쓴다.

내가 만약 글을 쓰는데 자꾸만 어려운 말이 튀어나오고 있다면 그것은 유식해져서가 아니다. 오히려 내가 그 사실에 대해 정확하게 파악하지 못하고 있는 것이 아닌지 의심해봐야 한다.

만약 그런 것 같다면 처음부터 그 내용을 초등학교 3학년 정도 아이에게 설명해준다 생각하고 말로 먼저 풀어보기를 권한다. 그다음 글을 쓰면 글의 호흡이 훨씬 편안해짐을 느끼게 될 것이다.

있어 보이게 쓰려 고민하지 말고, 있는 그대로를 진실하게 전달하려 노력하자. 글의 힘을 믿고 글 자체에 집중하면서 글쓰기를 준비해보자.

내가 전달하고자 하는 바가 명확하면 어려운 한자어나 전문 용어가 군이 들어가지 않아도 독자가 내게로 온다. 그 사실을 잊지 않기를 바란다.

'왜 쓰는가'를 알면
글이 술술 풀린다

'왜 써야 할까?'라는 질문

"왜 쓰세요?"

글쓰기 강연을 시작할 때마다 늘 청중을 향해 던지는 질문이다. 어쩌면 굉장히 뻔한 질문이지만 이 간단한 질문에 청중은 술렁이고 때로 적막감에 휩싸인다. 물론 대답을 독촉하는 강사에게 무엇이라도 대답 해줘야겠다는 의무감으로 어떤 분들은 '정보를 전달하려고', '내가 가진 것을 남이 알게 하려고', '누군가에게 돈을 달라 하려고' 등의 대답을 내놓는다. 이 정도라도 생각해냈다면 일단은 성공이다.

하지만 대부분은 글을 쓰기에 앞서 '왜 써야 할까?'라는 질문을 던지지 않고, 답할 생각도 하지 않는다. 그저 팀장님이 시켜서, 부장님이 시켜서, 보고 날짜가 다가오니까, 관계 기관에 제출해야 돈을 주니까 그 행위를 할 뿐이다. 그렇게 많은 시간과 공을 들이면서 정작 내가 무엇을 위해 그 행위에 몰두하는지 진지하게 생각하지 않는다.

한 공공 기관에서 만난 A대리. 그는 신입 시절 "A씨, 지금 진행 중인 b건에 대해 중간 보고 좀 해줘요"라는 첫 지시를 받았다고 했다. 그가 선임에게 한 말은 "어떻게 해야 하죠? 그게 뭔지 모르겠는데요"였다. 왜 써야 하는가보다는 당장 이 문제를 어떻게 해결해야 하는가에 급급했던 것. 그러자 그의 선임은 이런 상황이 익숙하다는 듯 이전에 썼던 보고서 양식을 건네면서, 그것을 참고해 비슷하게 써보라 충고했다. 예측컨대 그 선임 역시 글을 쓰는 목적도 이유도 모른 채 지금까지 직장생활을 해왔을 가능성이 높다.

글을 쓰는 데 있어서 목적성은 매우 중요하다. 즉 왜 쓰고 있는지, 이 글이 어떤 목표를 이루기 위해 존재하는지 확실히 인식해야 한다. 그래야 그 글을 쓰면서 무엇을 주의해야 하고, 또 어떤 점에 집중해야 하는가를 알게 되기 때문이다.

그렇다면 우리가 글을 쓰는 이유는 무엇일까? 여태껏 강의와 코칭을 통해 몇천 명을 만났지만 누구도 이 질문의 정답을 맞히지 못했다. 잠시 눈을 감고 생각해보자. 내가 최근에 쓴 글은 무엇을 위해 썼을까?

우리가 글을 쓰면서 잘 의식하지 못하는 글의 첫 번째 목적은 바로 독자에게 읽히는 것이다. 우리는 독자에게 내 글이 읽히도록 하는 목표를 놓쳐서는 안 된다. 모든 글은 읽히기 위해 쓰는 것이다. 읽히지 않는 글은 그림 속의 음식과 비슷하다. 아무리 좋은 제품도 소비자가 사서 사용하지 않으면 무용지물이듯 아무리 좋은 내용이라 하더라도 누군가에게 읽히지 않으면 소용이 없다.

그런데 생각보다 자신의 글이 '당연히' 읽힐 것이라 생각하는 사람이 많다. 아니, 대부분 읽힌다는 것을 전제하고 글을 쓴다. 하지만 현실적으로 생각해보자. 쉬는 날이라든가 업무 시간이 아닐 때 나나 내 옆 사람이 쓴 글을 읽고 싶은가. 그렇지 않다. 생각보다 사람들은 남의 일에 관심이 없고 내 일 아닌 것에 집중하지 않는다. 자신이 쓴 글에 대해 진지하게 고민하고 읽히는 글을 위해 노력하지 않으면 독자 역시 내 글을 읽어야 할 이유를 찾지 못하고 떠나기 마련이다.

우리는 글을 단순히 내 기분을 풀기 위해, 속마음을 털어놓기 위해 쓰지 않는다. 비즈니스적 목표를 가지고 쓰는 글은 두 명 이상의 독자가 발생해야 한다. 이를테면 보도자료만 하더라도 첫 번째 독자는 여러분의 상사, 그다음 독자는 기사를 보도해줄 기자, 그다음 독자는 기사를 읽는 일반인이다. 무려 세 방면의 독자층이 존재하는 셈이다. 상사가 읽도록 해야 하고 기자가 읽도록 해야 한다. 그리고 일반인이 그 기사를 소비하도록 해야 한다. 글을 쓰는 우리에게는 그렇게 할 의무가 있다.

그럼에도 '나는 그저 쓰는 사람이고, 독자가 읽을지 말지 나는 모르겠다' 하는 생각이 든다면 내 글은 거의 90% 독자의 선택을 받지 못한다. 그렇다면 내가 전달하고자 하는 바가 전달될 수 없을뿐더러 당신이 원하는 이익을 얻지 못할 것이다.

- 글에 등장하는 인물이 유명 연예인이거나 인플루언서이고 그 내용이 매우 자극적인 경우
- 우리 기관에서 시행하는 정책이 대한민국을 발칵 뒤집을 만큼 파격적인 경우
- 우리 회사 제품이나 서비스가 애플만큼 혁신적이거나 트렌드를 바꿀 만한 것인 경우

이런 경우는 예외로 두겠다. 하지만 일반인이 상시적으로 쓰는 글이 이 정도로 특별한 내용일 가능성은 거의 없다. 따라서 우리는 글쓰기

의 첫 번째 목표, 즉 독자에게 읽히는 글을 쓰겠다는 목표를 잊어서는 안 된다.

비즈니스 글이 소설과 다른 이유

우리는 글의 역할과 개념을 종종 혼돈해 생각한다. 이를테면 문학적인 글과 비즈니스적인 글은 태생부터가 다른데, 같은 범주로 생각하는 식이다. 소설은 사회 문제를 제기하는 역할을 할 수 있지만, 문제를 해결하기 위해 쓰지는 않는다.

소설이나 시는 기본적으로 '기승전결'의 원칙을 따르기 때문에 결론이 마지막 후반부에 나타나지만, 비즈니스를 위한 글은 결론이 맨 앞에 오는 '두괄식' 전개를 선호한다. 문학은 창작의 영역이지만, 비즈니스 글은 정리의 영역에 가깝다.

이렇게 같은 '글'로 통칭해 사용하고 있어도 그 성향이 매우 다르다. 지켜야 할 법칙이나 기준도 다르다. 하지만 우리는 그 차이점을 인식하지 못해 실수를 저지르곤 한다. 비즈니스 글이 어떤 역할을 위해 태어나는지 알고 글을 써야 그 목적을 잃지 않을 수 있다.

비즈니스 글의 역할

① 공식적 의사소통의 수단

② 문제 해결과 결정의 단서를 제공

첫 번째, '공식적 의사소통의 수단'이라는 측면에서 한번 살펴보자. 비즈니스 글이 그냥 의사소통의 수단이 아니라 '공식적'으로 인정받을 수 있는 이유는 불가변성 때문이다. 말은 1초 만에도 전달 과정에서 살이 붙고 변화된다. 사람에서 사람으로 넘어가면서, 혹은 같은 사람이라 하더라도 상황에 따라 얼마든지 사실이 변질될 수 있고, 때에 따라서는 잘못된 정보가 합쳐지게 된다. 하지만 글은 다르다. 한 번 쓰고 난 후 기록이 된 상태의 글은 변화를 주지 못한다. 몇 사람을 거치든 어떤 사람을 만나든 처음 작성된 상태 그대로의 모습이 유지된다.

최근 정부 부처의 한 공무원이 기록을 폐기했다가 구속된 일이 있었다. 내부에서는 이렇게 무서워서 일을 하겠느냐는 원망 섞인 목소리도 새어나왔지만 법원 입장은 달랐다. 단순히 업무를 실수한 것보다 공식 문서를 임의로 폐기한 것은 중대한 범죄라 인식한 것이다.

'의사소통'이라는 단어도 중요하게 살펴볼 필요가 있다. 의사소통은 서로 동일한 언어, 그리고 비슷한 공감대와 지식이 있을 때 이뤄진다. 특히 비즈니스 상황에서는 더욱 그렇다. 아무리 좋은 내용, 기발한 아이디어도 서로 알아듣지 못하는 언어로는 의사소통이 될 수 없다. 그래서 한국에 있는 영어권 외국계 기업에서는 영어로 소통이 가능한 직원을 뽑고, 보고서나 기타 서류 역시 영어를 기반으로 작성한다. 그래야 직원부터 대표이사에 이르기까지 소통이 이뤄질 수 있기 때문이다. 동시에 한국에 정착해야 한다는 목표가 있기 때문에 한국적 정서를 잘 이해하고 정확한 언어를 구사할 수 있는 사람을 선호한다. 이러한 점은 고객과의 소통 측면에서 유리하다.

비슷한 이유로 최근 국내 기업의 경우 외국 체류 기간이 긴 사람을 선호하지 않는다는 이야기를 듣기도 했다. 언어가 익숙하지 않기 때문에 기본적인 의사소통이 어려울 뿐만 아니라 언어가 내포하는 여러 미묘한 감정을 이해하기 어려워 조직 구성원들과 관계를 유지하는 데 어려움을 겪기 때문이라 한다.

여기서 우리가 얻어야 할 점은 모든 비즈니스 글은 쉽게 써야 한다는 것이다. 그것이 국내에서 통용되는 것이라면 한글을 정확하게 사용해야 한다. 맞춤법을 틀리거나 표준어를 구사하지 않는 경우 공식적 의사소통의 수단이 될 수 없다. 또한 상대방이 나만큼이나 그 내용을 잘 알 것이라는 생각을 버리고 최대한 쉽게 쓰는 것에 집중해야 한다. 내가 아는 것은 당연히 다른 사람도 알 것이라는 생각, 거기에서부터 글은 망가지기 시작한다.

두 번째, 비즈니스 글은 문제 해결과 결정의 단서 역할을 한다. 따라서 비즈니스 글을 쓸 때 이 부분을 충족시켜줘야 한다. 모든 회사는 문제를 해결해주면서 이익을 창출한다. 서비스든 기술이든 제품이든 마찬가지다. 공공 기관은 공공의 문제를 해결하며 돈을 벌고, 사기업은 개인의 문제를 해결하면서 돈을 번다. 각 개인 역시 취업이라는 문제를 해결하기 위해서나 채용에 적합한 인재가 되기 위해 노력한다.

비즈니스라는 특수한 상황의 범주에서 보면 어떤 글이든 목적은 독자가 문제를 해결하고 결정하는 데 도움을 준다는 것이다. 보고서, 제안서, 계획서, 보도자료 모두 마찬가지다. 그런데 우리는 이 부분을 자주 잊는다. 문제 해결에 필요한 정보를 담지 않고 결정하기 위해 체크해야 할 사항을 빠트린다. '나는 이만큼 정보를 제공했으니 독자가 알아서 잘 판단해 해결하겠지' 하는 안이한 생각은 버려야 한다.

우리가 쓰는 글은 백과사전처럼 나열된 형태의 자료가 아니다. 정제되어 독자에게 꼭 필요한 것을 제공하는 도구가 되어야 한다. 정보를 조사하고 자료를 제공하는 차원을 넘어서야 한다. 독자가 해결하고자 하는 문제가 무엇인지, 결정해야 하는 배경이 어떤 것인지 체크하고 그에 적절한 정보를 적절한 시기에 제공해야 한다. 그들로부터 행동을 유발하는 것이 바로 우리의 역할이다. 그러려면 우리는 다음과 같은 독자의 문제와 상황에 집중해야 한다.

- 독자의 문제는 무엇인가? 문제의 원인은 무엇인가?
- 독자가 결정해야 하는 이유는 무엇인가?
- 독자의 문제를 해결해주고자 내가 제공할 정보는 무엇인가?

목적지를 모른 채 운전하는 것은 고장 난 내비게이션보다 위험하다. 목적지를 아는 사람은 중간에 길을 잃더라도 시행착오가 있을 뿐 끝내 그 목적에 도달한다. 하지만 목적지를 모르는 사람은 길을 잃은 채 계속 힘들게 달릴 뿐이다.

어떻게 하면 글을 잘 쓸 수 있을까보다, 어떻게 해야 글의 목적을 이루는 데 문제가 없을까를 고민하는 순간 글쓰기라는 숙제가 술술 풀리기 시작할 것이다.

2장

늘 독자를 고려하라

독자 입장에서 생각하면 답이 나온다

지금 직장에서 일하고 있다면 잠시 시간을 내어 '내가 왜 이 자리에 있는가'에 대해 생각해보자. 나는 회사에 다니는 동안에는 그 고민의 정답을 찾지 못했다. 물론 단기적으로 내가 해야 할 역할 정도는 생각할 수 있었지만, 그것이 회사 전체의 입장에서 어떤 의미인지 생각해보지는 못했던 것 같다.

이는 바로 '문제를 해결하기 위해서'다. 회사는 자금 문제, 마케팅 문제, 서비스 활성화 문제, 영업 문제 등 회사 운영에 관한 숙제를 풀기 위해 직원을 뽑는다. 마찬가지로 회사가 존재하는 이유는 소비자의 어떤 문제를 해결하는 것에서 출발한다. 다시 말하면 직장에 속해 있는 우리는 회사 문제를 해결하고, 회사는 소비자의 문제를 해결하는 사슬이 형성되어 있는 것이다.

따라서 우리는 글을 통해 내가 회사 문제를 일정 부분 해결하고 있다는 것을 표현해야 한다. 보고서든 보도자료든 연설문이든 내게 맡겨지는 글을 통해 나를 어필해야만 하는 숙명을 지닌 것이다. 거기에서 문제가 꼬인다. 우리는 우리가 문제를 해결하기 위해 그 자리에 있다는 것을 의식하지 못했지만 놀랍게도 본능적으로 우리는 우리가 한 일을 상사에게 드러내고 싶어 한다. 그것도 가능한 한 많이.

여기서 괴리가 발생한다. 나는 내가 얼마나 고생해서 이 문제에 접근하고 있는지를 보여주고 싶어 하고, 상사는 이 문제를 해결할 수 있는지 없는지 여부가 궁금한 것이다. 그래서 내가 보여주고 싶은 것과 상사가 보고 싶은 것 사이에 차이가 생긴다. 비단 회사원에만 해당하는 이야기가 아니다.

회사 대표도 마찬가지다. 우리 회사가 힘든 과정을 통해 엄청난 제품을 개발했고, 이 제품은 한두 가지가 좋은 것이 아니라 열 가지 정도의 장점을 가지고 있다는 것을 모든 이에게 알리고 싶다는 것. 한 사람도 아니고 모든 이에게, 한두 가지도 아니고 열 가지의 장점을 알리고 싶다니. 이보다 더 힘든 일이 세상에 있을까?

내가 사업을 시작하면서 만났던 중소기업 대표들 가운데 80% 이상이 이 난제에 봉착해 있었다. 하나의 아이템을 만들기 위해 통상 들이는 시간과 비용이라는 것이 있다. 적지 않다. 그러면 당연히 욕심이 생긴다. 그 과정에서 얼마나 이를 갈았을까. 그 마음을 모르는 바 아니지만, 냉정하게 생각해보면 소비자 입장에서 회사의 개발 스토리, 숫자로 표현되는 성능, 기술적 전문 용어는 하나도 궁금하지 않다. 그저 그 제품이 내 불편을 해소할 수 있는가, 없는가에 대한 답이 필요할 뿐이다.

이런 이유로 회사 홍보글을 애써 써놓아도 정작 소비자에게 보여질 기회를 얻지 못한 채 버려진다. 마치 밤새워 쓴 보고서가 상사에 의해 1초 만에 버려지는 것처럼 말이다.

지금 내 앞에 앉아 있는 고객은 무슨 문제가 있어서 나를 찾아왔을까? 내 제품이나 능력이 그 사람의 문제를 어떻게 해결해줄 수 있을까? 이러한 질문에 대한 답이 명확할수록 글이 선명해진다.

보여주고자 하는 것과 보고자 하는 것이 일치할 때

누구든 자신이 가진 것을 보면 대부분 훌륭해 보인다. 어쩌면 그런 확신과 자신이 있기 때문에 대부분의 사람이 자기가 선택한 것에 많은 시간과 돈을 투자하는 것이리라. 그러다 보니 그들이 쓰는 글, 그들이

하는 말에는 과도한 정보가 포함된다. 다 알려주고 싶은 것이다. 이 상품이 얼마나 훌륭한지, 얼마나 많은 기능이 있는지, 당신이 선택해야 할 이유가 100가지 정도는 있다는 것을 어필하고 싶은 마음이 너무도 강렬하다.

그래서 업무를 하면서 종종 그중에서 꼭 넣어야 하는 내용을 세 가지만 골라 달라 요청하면 상대는 매우 당황스러워한다. 어떤 내용도 포기할 수 없기 때문이다. 그 자리에서 설사 세 가지를 쿨하게 골랐다 하더라도, 열에 아홉은 이후에 다시 연락한다. 한두 가지만 더 넣을 수 없겠냐는 것이다. 그 마음은 충분히 공감하고 이해한다. 하지만 글을 쓰는 입장뿐 아니라 독자 입장도 한번 생각해봐야 한다.

만약 어떤 약이 다이어트에도 효과가 있고, 혈액 순환도 도와주고, 콜레스테롤 수치도 낮춰주고, 피부 미용에도 좋다고 홍보한다고 하자. 당신은 어떤 생각이 드는가? 행여 진짜 그런 만병통치약이 있다 하더라도 그 상품을 사고자 하는 마음이 드는가? 아마도 아닐 것이다. 심지어 몇몇은 '사기'라 생각할 것이다. 물론 과거에는 다기능성 제품, 서비스가 잘 팔렸다. 같은 값이면 두세 가지 기능이 있는 것을 선호했다는 뜻이다. 하지만 요즘에는 고가의 물건일수록, 고민을 많이 하게 하는 서비스일수록 이러한 소개를 좋아하지 않는다. 오히려 신뢰를 떨어뜨려 결정력을 낮추게 된다.

　실제로 나는 세일즈의 고수를 만난 적이 있었다. 그녀는 분명 고수였다. 매우 비싼 제품을 파는데, 전혀 약장수 냄새가 나지 않게 물건을 팔았다. 셋째를 낳고 난 직후 허리 통증이 생기기 시작했다. 몇 번이나 구급차를 탔고, 마약성 진통제를 맞으면서 일했다. 의사는 당장 수술을 해야 된다고 주장했고, 무려 수술비가 900만 원을 넘는다 했다. 허리는 함부로 손을 대는 것이 아니라는 주변 사람들의 조언에 따라 머뭇거리던 그때, 그 과정을 지켜보던 한 대표님이 자기가 아는 분을 소개해줬다. 허리 통증에 도움이 되는 속옷을 판매하고 있다고 했다. 한 벌에 100만 원이 넘는 고급 속옷이었다. 엄청나게 비쌌지만 나는 그 자리에서 속옷 두 벌을 결제했다. 나는 왜 그런 결정을 내렸을까?

　바로 내게 속옷을 판매했던 사람이 내가 듣고 싶은 이야기만 쏙쏙 골라 했기 때문이었다. 그녀도 나처럼 출산 후에 허리를 다쳐서 거의 바닥을 기어 다녔다고 했다. 하지만 이제는 이 속옷을 입고 러닝머신도 뛰고 하이힐도 신는다면서 이 속옷이 실제 허리를 어떻게 교정하는지 알기 쉽게 설명했다. 우스운 이야기지만, 나는 그녀의 설명을 들으면 들을수록 신뢰와 희망이 생겼다. 결제 후 그녀가 이렇게 말했다. "이거

입으면 붓기도, 살도 빠질 거예요." 그 순간 나는 '당했다'는 것을 직감했다.

아마도 그녀는 다이어트를 하고 싶어 하는 사람에게는 허리 교정 효과 따위의 말을 꺼내지 않았을 것이다. 그냥 '다이어트 효과'가 있다는 사실만을 강조했을 것이 분명하다. 이 속옷의 여러 기능을 모두 이야기하는 것이 아니라 상대에 따라서, 그가 듣고 싶어 하는 말만 선택해서 제공하는 것이다. 마치 그 부분에 특화되어 있는 상품인 것처럼 고객이 착각하도록. 나는 글을 쓰는 사람이면서도, 그리고 늘 타깃에 따라 정보를 취사선택해 제공해야 한다고 가르치고 있음에도 불구하고 그 스킬에 당하고 말았다. 허탈했지만 그녀의 절제력 넘치는 멘트에 감탄했다.

그 판매원은 철저하게 자신이 보여주고 싶은 것이 아니라 내가 보고 싶어 하는 것을 보여줬다. 그 결과 그녀의 말은 힘을 발휘했다. 이렇듯 보여주고자 하는 것과 보고자 하는 것이 일치할 때 글의 목적을 이룰 수 있다.

요즘 독자들의 경향은 이렇다

독자에게 읽히는 글을 써야 한다

우리 가족은 20년 전쯤 음식점을 시작했다. 처음 음식점을 했을 때는 주변에 고깃집이 거의 없었다. 그래서 근처 주민이 평일이고 주말이고 우리 가게로 다 몰려들었다. 게다가 당시에는 '주꾸미 삼겹'이라는 메뉴가 보편화되지 않았던 때라 그 메뉴를 먹어보려고 전주 시내 곳곳에서 우리 가게를 찾아오는 손님들도 있었다. 저녁마다 줄을 서서 먹는 그야말로 '맛집'이었다. 이 상태가 3년쯤 유지됐다. 손님이 너무 많아지자 우리는 곧바로 근처 넓은 자리를 찾아 확장 이전했다. 역시 손님이 줄을 이었다. 손이 부족하면 손님이 직접 자리를 치우고 앉아 먹었고, 주말에는 예약 손님 때문에 일반 손님을 받기 힘들 정도였다.

하지만 곧 위기가 찾아왔다. 우리 가게가 장사가 잘되다 보니 주변에 온갖 고깃집이 다 생겨나기 시작한 것이다. 가격으로 승부를 보려는 가게부터 우리 가게를 벤치마킹해 만들어진 가게까지. 점점 경쟁이 치열해졌다. 고깃집을 고를 선택권이 없었던 그 전과는 아예 판이 달라진 것이다. 메뉴도 다양해지고 더 특이한 퍼포먼스로 고객의 발길을 잡아끄는 곳이 늘어났다. '광고'의 필요성을 못 느끼던 우리도 급기야 어떻게 홍보해 고객을 유혹할지 고민하기 시작했다.

나에게 "안 먹어본 사람은 있어도 한 번 먹은 사람은 없어요"라고 본인이 만드는 음식을 소개한 사람이 있었다. 자부심에서 나온 말이지만 사실 그 '한 번' 먹게 만들기까지가 참 어렵다. 나는 그에게 물었다. "그한 번은 어쩌다가 먹게 될까요?" 그는 시원스레 대답을 내놓지 못했다.

생각해보면 그 말은 자부심이 아니라, '한 번' 먹는 고객을 유치하기 위해 더 많은 노력을 기울여야 한다는 것을 의미한다. 더구나 요즘은 음식점이 한 집 건너 한 집 정도가 아니라 서로 다닥다닥 붙어 있는 상황이 아닌가. 내가 만드는 음식이, 우리 가게가 제공하는 서비스가 최고라는 것을 어필하지 못하면 곧 도태되고 만다.

이렇게 경쟁이 치열해지면 누구나 선택받기 위해 노력한다. 글도 마찬가지다.

그런 의미에서 모든 글의 첫 번째 목표는 독자에게 읽히는 것이다. 독자에게 읽힌 글은 기본적으로 80% 이상 그 글의 2차 목표에 도달할 가능성이 생긴다. 하지만 읽힌다는 것이 생각보다 쉽지 않다. 따라서 우리는 좀 더 분발해야 한다. 독자에게 읽히는 글을 써야 한다는 목표를 잊지 말아야 한다.

3초 안에 결정된다

포털 뉴스에 뜬 기사 목록을 보고 있다고 하자. 당신은 제목들을 쭉 훑은 뒤 얼른 클릭해 읽고 싶은 기사를 찾았거나, 또는 읽고 싶은 것이 없다는 판단을 내렸을 것이다. 자, 다시 되돌려 생각해보자. 이 목록에서 당신은 얼마 만에 읽고 싶다, 읽고 싶지 않다를 결정했는가? 아마 대부분 3초 이내일 것이다.

나의 독자 역시 마찬가지다. 내 글이 수많은 글 사이에 숨겨져 있을 때 독자도 읽을지 말지를 짧은 시간 안에 결정하게 될 것이다. 행여 독자의 선택을 받았다 하더라도 내용이 독자의 마음에 들지 않을 경우 다시 3초 안에 독자가 이탈하는 현상이 발생하게 된다. 결정도 빠르지만 떠나는 것도 빠르다는 이야기다. 3초. 글을 읽을지 말지, 나에게 도움이 될지 안 될지를 결정하는 시간. 경우에 따라서는 특정한 정보가 충분히 인식될 수 있는 시간. 하지만 모든 정보를 인식하기에는 매우 짧은 시간이다.

이미 많은 사람이 모바일로 텍스트를 소비하는 데 익숙해져 있다. 모바일 텍스트는 수시로 업데이트가 되고, 조금 전 봤던 글도 몇 초 만에 온데간데없이 사라져버릴 때가 많다. 그렇게 빠르게 변하는 글의 천국에서 볼까 말까를 10분 넘게 고민하는 사람은 거의 없다. 3초 이내, 어쩌면 1초 만에 글을 클릭할지 말지를 결정하고 실행에 옮길 것이다. 파도가 몰아치는데 거기서 멍하니 바다를 응시하고 있을 사람은 세상에 없다.

다시 글을 쓰는 입장으로 돌아가 생각해보자. 나는 3초 안에 사람들이 '자기가 읽어야 할 글'이라 생각하고 들어와 볼 수 있도록 유도해야만 한다. 그래야 내 글이 버려지지 않고, 나의 타깃 독자에게 선택되어 읽히게 된다.

왜 우리는 이렇게 치열한 시장에서 '글을 선택받아야 하는' 전쟁에 뛰어들게 된 것일까?

책 읽는 인구가 매년 급감하고 있다. 책뿐만 아니라 신문 구독자 수도 몇 년 전에 비해 현저하게 줄어들었다. 이를 놓고, 사람들이 더 이상 글을 읽지 않게 되었다고 우려 섞인 분석을 내놓는 사람도 많다. 물론 이 책을 읽고 있는 당신의 이야기는 아니다. 하지만 실제로 주위를 둘러보면 일 년 내내 책 한 권을 사지 않고, 읽지 않는 사람을 찾는 일은 그리 어렵지 않다. 이제는 더 이상 사람들이 글을 읽지 않는 것일까?

내 대답은 '아니오'다. 과거에는 읽을거리가 충분하지 않다 보니 신문을 처음부터 끝까지 정독하는 사람도 많았고, 책을 필사하면서 읽는 사람도 많았다. 그 종류조차도 다양하지 않았기에 읽을지 말지, 받아들일지 말지를 선택하기보다는 주어진 것을 충실히 소화하는 데 모든 시간을 썼다.

하지만 요즘 사람들은 과거에 비해 책이나 신문을 읽지는 않는 반면 더 많은 양의 글을 인스턴트 음식처럼 소비한다. 일례로 대중교통을 이용할 때 주변을 둘러보면 100명 중 90명 정도는 휴대폰을 들여다보고 있다. 대부분의 사람이 신문이 아닌 모바일을 통해 뉴스를 소비하고, 책이 아닌 휴대폰으로 글을 소비하느라 시간을 보낸다. 우리는 시도 때도 없이 어떠한 형태로든 휴대폰을 통해 텍스트를 접한다. 스마트폰의 보급은 글 소비 패턴을 완전히 바꿔놓았다. 오죽하면 휴대폰을 오장칠부(五臟七腑)라 하겠는가.

이렇게 사람들은 하루 종일 휴대폰 화면을 바라보면서 어떤 글은 건너뛰고, 어떤 글은 휙 훑으면서 텍스트를 읽어 내려간다. 그 형태가 짧든 길든, 혹은 심심풀이용이든 정보 습득용이든 우리는 끊임없이 글을 읽는다. 꼭 책이나 신문이 아니더라도 과거에 비해 오히려 글을 접할 수 있는 포인트가 늘어난 것이다.

이뿐만이 아니다. 비슷한 기사, 비슷한 글이 무더기로 쏟아지기 때문에 사람들은 지금 '당장' 그 글을 읽어야겠다는 생각을 하지 못한다. 나중에 읽어도 되고 꼭 지금 필요 없다는 의식이 팽배해졌다.

실제로 지금 정보를 놓치더라도 얼마든지 필요하면 그것을 찾아볼 수 있는 시절이다. 행여 찾지 못한다 하더라도 딱히 아쉽지 않다. 최근 우리에게 글은 흘러가는 강물과 같은 존재가 되었다. 독자 입장에서 보면 완벽하게 소비재가 되어버린 것이다.

만성피로의 시대다. 어느 누구도 피로에서 자유롭지 않다. 피로감의 원인은 다양하겠지만, '과다'에서 오는 피로감도 적지 않다. 많이 마셔서, 많이 먹어서, 많이 걸어서, 많이 일해서. 독자의 입장도 크게 다르지 않다. 독자도 늘 피곤한 상태다. 심지어 우리는 지금부터 그 피곤한 사람에게 내 글을 읽으라고 제안해야 한다. 문제는 그 제안을 우리만 하는 것이 아니라는 점이다. 우리는 글 하나를 전달하는 것이지만 독자 입장에서 보면 수십 개, 수백 개의 글을 접하는 것이니 글에 대한 피로도가 얼마나 심하겠는가.

서점에 가면 매일같이 쏟아지는 수많은 책들을 볼 수 있고, 언론사 수도 헤아릴 수 없을 만큼 많아졌다. 그리고 언제 어디서나 켜기만 하면 텍스트를 쏟아내는 휴대폰이 우리 손바닥 위에 놓여 있다. 어떤 시장이든 자원이 풍족하지 않을 때는 자원을 제공하는 사람이 갑이 되지만, 자원이 풍족해지면 선택하는 사람이 갑이다.

글 시장도 마찬가지다. 과거에는 글을 어렵게 쓰든 재미없게 쓰든 그 글을 소화할 수 있느냐 없느냐는 독자에게 달려 있었다. 상당 부분 책임이 독자에게 있었다는 말이다. 가령 독자가 어떤 글을 읽었을 때 그 글을 이해하지 못하면, 과거에는 글을 욕하기보다는 스스로를 탓하는 경우가 많았다. 하지만 요즘은 그런 글 자체가 팔리지 않는다. 심지어 비난을 받는다. 하다못해 뉴스 기사조차도 약간이라도 어렵게 작성되면 곧장 '기자'와 '기사'에 대한 부정적 댓글이 주르륵 달린다. 즉 책임소재가 그 글을 소비하는 독자에게 가는 것이 아니라 글을 쓴 기자에게 향하는 것이다. 결국 글을 쓰면서도 '이 글이 읽힐 것인가?'를 고민해야 하는 시대가 되었다는 뜻이다.

결론적으로 이제 독자는 읽을지 말지, 받아들일지 말지를 결정하는 기준을 매우 엄격하게 가진 사람이 되었다. 글을 보는 눈이 높아졌다는 뜻이다. 독자는 이전에 비해 글을 매우 쉽게 선택한다. 아니면 접고 다른 글을 보면 되기 때문이다. 다시 말해 독자의 마음에 들지 않으면 언제든 버려질 수 있는 상황이 되었다. 제목부터 마지막 문장까지 꼭 읽어야 하는 이유가 없으면 독자에게 읽히지 않을 가능성이 높다.

그러므로 우리는 글을 쓰는 행위에 앞서 '어떻게 하면 읽히는 글을 쓸 수 있을 것인가'에 대해 진지하게 고민해야 한다. 아무리 좋은 내용의 글도 독자가 읽지 않으면 의미가 없다. 모든 글은 읽었을 때 의미가 발생한다는 점을 잊어서는 안 된다. 읽히지 않으면 아무리 큰 노력을 통해 탄생한 글이라 하더라도 힘을 잃는다.

'읽히기 위해' 지금 당장 해야 할 일

몽타주를 그리는 마음으로

사귀어보고 싶은 사람이 눈앞에 있으면 어떻게 하는가. 보통은 "잘해
준다", "연락을 해본다"와 같은 답을 할 것이다. 물론 이것 말고도 답은
여러 가지가 있겠지만, 알고 보면 그것들은 다 상대에게 내 존재감을
인식시키기 위한 행동이다.

상대가 나를 알게 되면 그다음은 상대에 대해 묻기 시작한다. 본능적
으로 상대방이 궁금한 것이다. 뭘 좋아하는지, 밥은 먹었는지, 힘든 일
은 없는지, 오늘은 뭘 했는지 묻는다. 그러고는 열심히 상대와 나 사이
에 있는 공통사를 연결한다. 공통사가 없어도 때로는 공통분모를 만들
어가며 이야기를 이어간다. 서로가 가까워지는 과정이다. 그 과정없이

내가 잘난 부분만 상대에게 어필하려 하면 가까워지기 전에 상대가 떠나버릴 가능성이 높다.

　내 글을 읽는 사람과의 관계도 마찬가지다. 내가 국회의원 보좌를 하고, 서울시의회에서 연설비서관을 하면서 가장 먼저 했던 일도 이 과정과 비슷하다. 나라는 사람이 새로 들어온 것은 이미 그가 알았으니 그가 무엇에 관심이 있는지, 무엇을 좋아하는지, 어떤 말을 자주 하는지, 어떤 단어를 많이 쓰는지 관찰하는 것이다. 때로는 대놓고 상대에게 묻기도 한다. 그렇게 그들과 정서적 거리를 좁히고, 생각이 가까워질수록 그들이 원하는 글을 쓰기가 쉬워진다.

　물론 이 과정은 내 눈앞에 명확하게 독자가 존재할 때 가능하다. 상사의 성향을 파악하고, 담당자가 누구인지 알 수 있고, 그를 직접 대면할 기회가 많을 때의 이야기다. 그렇게 접촉하는 것이 가능하다면 우리는 독자가 어떤 말을 했을 때 좋아할지, 어떤 형태의 보고를 선호하는지를 유심히 관찰해야 한다. 그런 내용은 내가 결정하는 것이 아니기에 독자를 관찰하는 것 말고는 답이 없다.

・나이
・성별

- 직업 혹은 하는 일
- 직위
- 생김새
- 사는 곳
- 요즘 하는 걱정
- 요즘 관심사
- 생활 패턴
- 가족관계

이런 내용을 중심으로 독자를 관찰한다. 용의자의 몽타주를 그리는 형사의 마음으로 내 글을 읽을 독자를 그려내는 것이다. 형사는 용의자를 특정하고 몽타주를 만들 때 절대 어림잡아 짐작하지 않는다. 탐문, CCTV, 기타 증거를 이용해 가능한 한 범위를 좁힌 후 몽타주를 완성한다.

여기에 독자가 잘 못하는 발음이나, 보고 시 숫자를 좋아하는지 구술을 좋아하는지 등의 디테일을 체크해봐도 좋다. 때에 따라서는 그 세대가 공감할 만한 소재를 찾아 흥미를 유발하거나 공감대를 형성하는 데 사용할 수도 있다.

　만약 독자가 내 눈앞에 없다면? 있기는 하지만 그려지지 않는 미지의 인물이라면? 혹은 독자의 수가 너무 많다면? 보통 그럴 때 독자 타깃을 잡기가 어렵다고 말한다. 앞서 설명한 경우에는 앞에 사람이 있으니 그가 원하는 대로 비위를 맞춰가며 글을 쓰면 되지만, 이런 경우는 참으로 난감할 수 있다.

　이 경우에는 가상의 인물을 설정하자. 내가 생각하는 독자 타깃층을 대표하는 상상 속 인물을 만드는 것이다. 독자가 베일 속에 있을 경우 두루뭉술하게 상대를 그린다. 20대 여성, 30대 남성, 60대 성인 이런 식이다. 이보다 더 심각한 경우에는 대한민국 국민 누구나, 이 물건이 필요한 사람이면 누구나, 이 사건과 관련 있는 사람 모두 등으로 타깃을 설정한다. 생각해보면 세상에 '모두, 누구나'는 존재하지 않는다. 누구도 '모두' 안에 포함되고 싶어 하지 않는다. "모두 여기 주목해 주세요"보다 "30세 미만의 여성 분 계십니까?"라는 말이 주의를 집중시키는 데 더 유리하다.

　지금부터 우리는 베일에 가려진 독자의 존재를 세상 밖으로 드러낼 것이다. 커튼 뒤 실루엣이 아니라 내 앞에서 살아 움직이는 존재로 만들 것이다. 이 주인공을 정하는 원칙은 다음과 같다.

· 꼭 내 글을 읽어줘야 할 사람
· 내 글에서 이야기하고자 하는 내용을 꼭 알아야 할 사람

독자를 눈앞에 만들어놓고 글을 쓰기 시작하면 글쓰기가 아주 편안해진다.

① 20대 여성
② 서울에 사는 23세 여성, 사회 초년생, 광고업 종사, 요즘은 멋진 카피 만드는 방법을 고민하고 있음, 퇴근 시간은 약 7시 정도, 이후에는 운동 등 자기계발 시간에 투자함

위의 ①과 ② 중 어떤 대상을 두고 이야기를 시작하는 것이 쉬울까? 당연히 ②다. 상대가 명확해지면 명중할 확률이 높아진다. 즉 메시지가 전달될 가능성이 높아진다. 내 글을 읽을 사람이 어떤 이유로, 어떤 것을 기대하면서, 어떤 코드에 의해 선택하게 되는가를 미리 고민하는 것이 가능해지고 그 기준을 맞추는 것에 집중할 수 있다. 그래서 나는 글을 쓰기에 앞서 늘 몽타주를 그린다.

이제 실제 예를 통해 몽타주 그리는 연습을 해보자. 생수 홍보글을 쓰게 되었다 하자. 독자는 누구인가?

물이 필요해 생수를 구매할 사람.

대부분 여기서 독자에 대한 파악을 멈춘다. 그리고 글을 쓰기 시작하는 것이다. 독자로 염두하고 있는 사람이 많으니 그들에게 전달해야 할 말도 엄청나게 많다. 욕심이 생긴다. 당연히 쓰고 싶은 말은 많고, 전달해야 할 말도 많으니 쓰다 보면 지면이 모자랄 지경이다. 이 말을 썼다가, 저 말을 썼다가 매우 혼란스러운 시간을 보낸다.

이 글을 소비할 사람 역시 비슷한 감정을 경험한다. 이게 도대체 무슨 말이지? 뭐가 중요한 정보지? 이 이야기는 왜 하고 있지? 혹은 내가 원하는 상품이 아니네? 이렇게 혼란을 겪게 된다. 글이 끝까지 읽힐 가능성도, 글로 인해 상품을 선택할 가능성도 현저하게 떨어진다.

한번 잘 생각해보자. 생수는 500원에서 3,000원짜리까지 다양하게 판매된다. 매장 진열장에서 빠지지 않고 일주일, 한 달, 일 년을 버틸 수 있는 것은 각 제품을 선택하는 사람의 유형도 그만큼 다양하다는 것을 의미한다. 다양한 사람이 각자 취향이나 필요에 맞게 제품을 선택해 구매하고 있다는 뜻이다. 그러한 맥락에서 우리는 어떤 물건을 누가 왜, 어떤 필요에 의해서 사는지, 의사 결정은 어떤 과정을 통해 이뤄지는지에 대해 조금 더 구체화해 생각해볼 필요가 있다. 다시 묻자. 독자는 누구인가?

> 결혼한 지 1년 된 30대 여성. 임신 중인 직장인. 임신으로 식품 안전성에 대해 관심이 많고, 예민해짐. 정수기에 대한 불신으로 생수를 직접 구입해 먹고 있음. 물 냄새에도 예민함. 생수는 한 번에 6개 번들 2~3개 세트를 주로 인터넷 쇼핑몰을 통해 구입함. 신혼부부이기 때문에 2L 용량보다는 500mL를 선호함.

마케팅에서는 이런 식으로 구체화된 타깃을 정하는 일을 '페르소나'라 한다. 다시 말해 성별, 나이, 직업, 지역 등 기본적인 인적 사항부터 그 사람의 구매 패턴, 생활 습관, 소비 패턴 등 행동 양상까지 조사해 구체화하는 것이 페르소나다. 시장은 점차 세분화되고 있고, 그에 따라 경쟁 상대도 수없이 존재하게 된다.

글에서도 자신의 글을 읽어줄 단 한 사람, 그 사람에게 공을 들이는 노력, 즉 '페르소나 마케팅'이 꼭 필요하다. 내가 생각하는 예상 독자 중 그들을 대표할 수 있거나, 그 가운데 가장 강력한 소비자로 뽑힐 수 있는 가상의 인물을 설정하는 것, 그래서 그의 몽타주를 그리는 작업이 글쓰기의 필수 단계가 되어야 한다.

예상 독자 프로필 만들기

- 당신이 글을 쓰는 목적은?
- 독자의 나이/성별은?
- 독자의 관심사/걱정/문제는?
- 독자의 생활 패턴/소비 패턴은?
- 글을 읽게 되는 장소는?

글쓰기를 쉽게 만드는 키는 독자가 쥐고 있다. 독자가 누구인지 정하고, 어떻게 하면 독자가 나의 글을 선택하고 읽게 할 것인지에 대해 먼저 고민해야 한다. 내가 쓰고 싶은 이야기가 아니라 독자가 읽고 싶은 글, 내가 재미있는 내용이 아니라 독자가 재미있어 하는 내용이 무엇인지 생각해야 한다. 그렇지 않으면 당신의 글이 자칫 태어남과 동시에 죽은 글이 될 수도 있다.

독자 선택 시 '송곳처럼 뾰족하게'

구체적으로 타깃을 설정하라

독자를 고려하고 글을 쓰는 것이 기본 중에 기본임에도 불구하고, 우리는 글을 쓰는 입장이 되면 독자를 쉽게 잊는다. 독자가 어떤 상황인지보다는 내 상황이 더 중요하게 여겨지는 것이다.

나 역시 마찬가지다. 한참 글을 쓰다가 이 질문이 떠올라 허겁지겁 다시 되돌아오는 경우가 많다. 내가 쓰는 글에 취해서, 내가 하는 생각에 빠져서 독자가 안중에도 없어지는 것이다. 중간에라도 정신을 차리면 좋은데, 너무 많이 가버린 경우에는 결국 독자에게 버림받게 된다. 그간의 노력과 시간이 허무하게 무너지는 것이다.

독자 타깃을 좁히면 더 불리해지지 않느냐고 묻는 사람들이 있다. 그

만큼 적은 사람들만 글에 관심을 보이지 않겠냐는 것. 그렇지 않다. 모든 사람은 자기가 특별하기를 바라지만, 동시에 사람 심리가 그렇게 다 다르지는 않다. 사는 것도 생각하는 것도 어느 정도 비슷한 범위 안에 존재한다.

'긴 머리를 유지하고 싶은데 자꾸 엉켜서 자를까 말까 고민 중인 사람'이 어디 한두 명일까? 어떻게 좁히더라도 지구에 우리가 정한 독자 타깃과 일치하거나 비슷한 사람이 최소 100명은 존재한다.

샴푸를 예로 한번 생각해보자. 처음 샴푸가 나왔을 때까지만 하더라도 그 종류가 많지 않았기 때문에 특정한 타깃을 정할 필요도, 특별한 기능을 이야기할 필요도 없었다. '말표 비누'보다 머리가 부드러워진다더라 하는 스토리만으로도 충분히 팔렸다. 하지만 요즘 대형 마트에 가보면 알겠지만 수백 가지 샴푸가 선택을 기다리며 줄을 서 있다. 샴푸 모델도 쟁쟁하다. 모두 자기 샴푸가 좋다고 스펙을 내세운다. 지금부터 자신의 행동을 되돌아보자.

나는 어떤 기준에 의해 샴푸를 고르고 사는가? 실제 마트에 나가 세 시간 정도 머무르며, 샴푸를 고르고 카트에 담는 고객들을 대상으로 인터뷰를 한 적이 있다. 결과는 놀라웠다. 30여 명 가운데 샴푸 모델을 보고 산다고 말하는 사람은 단 한 명도 없었다. "쓰던 것이니 쓴다"라고 답한 사람은 단 한 명뿐이었다. 이 정도면 이 제품군에 충성고객이라는 개념은 통하지 않는 것처럼 보였다. 대략 당시의 내용을 종합해보면 다음과 같다.

- 펌과 염색으로 머릿결이 상했는데, 회복된다 해서
- 탈모로 고민 중인데, 도움이 될 것 같아서
- 향이 좋은 샴푸를 찾고 있어서

그들의 선택 패턴은 이러했다.

① 자신의 니즈를 인식한다.
② 그 니즈를 충족시켜줄 것으로 예상되는 제품을 선택한다.
③ 후보군 중 가격이나 용량, 이미지 등이 가장 좋은 것을 카트에 담는다.

나는 그들에게 당신의 문제를 이 제품이 해결해줄 것이라 생각한 계기가 어떻게 되는지 물었다. 샴푸 패키지나 행사 매대에 붙은 홍보물이나 매체 광고를 통해 그렇게 인식하게 되었다고 대답한 사람이 80%가 넘었다.

이것이 바로 '뾰족한 타깃팅'의 효과다. 독자를 한정하는 것이 손해를 볼 것 같지만 실제로는 오히려 탄탄한 고객층을 만들 수 있는 기술인 것이다. 아무나, 모두가 봐야 할 글은 아무에게도 읽히지 않을 가능성이 높다.

'젊은 나이에 탈모로 고민 중인 20대 여성' 식으로 타깃을 설정하라.

누가 나를 구해줄 것인가

많은 사람이 지금 당신 앞에 있다고 하자. 당신은 이 사람들을 대상으로 10만 원짜리 가방을 팔아야 한다. 어떤 액션을 취할 것인가? 어떻게 해야 많이 팔 수 있을까?

첫 번째 방법으로 일단 큰소리로 지나가는 사람들을 향해 "가방 사세요"를 외칠 수 있을 것이다. 두 번째 방법으로 가방을 사줄 것 같은 사람에게 직접 다가가 가방을 소개해볼 수 있을 것이다. 과연 어떤 경우가 더 성공률이 높을까? 아무래도 후자가 더 높을 것이다.

비슷한 이유로 많은 매장이 호객 행위를 한다. 그냥 가게 앞에서 음악을 틀어놓고 이벤트를 하는 것보다 한 사람 한 사람을 잡고 "들어와 구경하고 가세요", "들어와서 식사 한 끼 하고 가세요. 맛있어요" 하는 식의 1:1 호객 행위가 매출로 연결될 가능성이 훨씬 높기 때문이다.

또 다른 예를 하나 더 살펴보자.

· 지하철이나 길에서 누군가에게 폭행을 당하고 있다면?
· 주변에서 많은 사람이 그 모습을 지켜보고 있다면?
· 그 상황에서 빠져나올 수 있는 가장 현명한 방법은 무엇일까?

전문가들의 말에 따르면 특정한 누군가를 지목해 신고해 달라고 소리치는 것이다. 그냥 "도와주세요!"가 아니라 "(손가락으로 가리키며) 아저씨, 도와주세요!"라고 말해야 한다. 불특정 다수의 군중이 모여 있을 때 모두가 도와줄 것 같지만, 오히려 '미루기' 심리와 '회피' 심리가 작동해 신고가 이뤄지지 않는다는 것이다. '굳이 내가?', '나는 안 해도 되겠지?'라는 심리가 그 상황을 방관하거나 지나쳐버리게 한다.

글도 마찬가지다. 앞서 설명했듯 우리 일상에는 엄청나게 많은 양의 글이 흐르듯 지나간다. 선택할 만한 무언가가 있어야 그 많은 글 중에 우리가 쓰는 글이 선택될 수 있다. 그러면 어떨 때 글이 선택되기 쉬울까? 대부분의 사람은 자기 일에만 관심이 많고, 생각보다 남의 일에 관심이 없다는 불변의 법칙을 생각하면 이해가 쉬워진다.

그래서 나의 글은 친절하게 독자 하나하나를 호명하고, 그들에게 이리 와서 이야기 좀 들어보라고 말해야 한다. "이것은 당신의 이야기입니다. 여기 와서 읽어보세요"라는 식으로 말이다. 이렇게 정확하게 짚어줘야 단 한 명의 독자라도 확보할 수 있다. 단 한 명의 독자가 확보되면 그 독자의 지인, 가족, 친구가 다시 독자로 확장된다.

사람은 다 제각기 사는 것 같지만 사실 비슷한 생각을 하고, 비슷한 환경에서 비슷한 분위기로 살아가고 있다. 한 사람을 부르는 것이 오히려 100명의 사람을 부르는 효과를 내는 경우가 훨씬 더 많다. 이 점을 반드시 기억하고 앞으로는 몽타주를 명확하게 그리도록 하자.

독자 타깃은 10명보다는 1명이 낫다

열쇠를 만든 다음 그 열쇠로 열 수 있는 자물쇠를 찾아 돌아다니는 것은 말이 되지 않는다. (…) 바꾸어 말하면 당신의 제품과 서비스에 맞는 고객을 찾기보다 당신이 섬기고자 하는 고객을 먼저 찾고 그들을 위한 제품과 서비스를 만드는 편이 더 쉽다.

『마케팅이다』의 저자 세스 고딘은 이렇게 설명한다. 고객 중심의 사고로 제품을 기획하고 생산해야 마케팅이 쉬워진다는 맥락이다. 하지만 내가 홍보를 위해 써야 할 제품은 이미 생산되어 있고 우리는 글을 써서 그 제품을 팔아야 한다. 그러면 사고를 조금 바꿔야 한다.

요즘 커스터마이징(일종의 맞춤 제작 서비스)이 대세라 하지만, 말이 쉽지 모든 기업이 소비자 한 명 한 명의 니즈를 반영해 제품을 생산할 수는 없다. 그저 대중적인 제품을 커스터마이징한 제품처럼 표현해 보여주는 것이 어쩌면 최고의 방법일 것이다. 쉽게 말해 사실은 대중적인 제품이지만, 메시지나 글을 통해 마치 이것이 '나'를 위해 탄생한 것처럼 느끼게 한다는 것.

이를 위해서는 독자에 대한 많은 관심이 필요하다. 내 독자가 될 사람은 지금 어떤 상태이고, 어떤 문제가 있는지, 어떤 미래를 꿈꾸고 있는지 고민해야 한다. 그 문제를 언급하고, 우리가 그것을 해결해줄 수 있다는 희망을 제시할 때 상대는 기꺼이 나의 독자가 되어준다.

특히 그 시선이 날카로우면 날카로울수록 독자는 더 쉽게 우리 곁으로 다가올 것이다. 그런 면에서 독자 타깃이 10명인 것보다는 1명인 것이 낫다. 물론 최종적인 도달 수는 더 많아야겠지만 글을 쓰기 시작할 때는 그리 설정하라는 뜻이다.

이렇게 하면 무엇보다 글쓰기 난이도가 매우 쉬워질 수 있다. 예상 독자를 10명으로 두고 글을 쓸 때보다 1명으로 두었을 때 훨씬 더 글쓰기가 쉬워진다. 독자가 1명으로 좁혀지면 그에게 쓰는 편지쯤으로 여기면서 스토리를 정할 수 있다. 보고서든 기사든 보도자료든 형태는 중요하지 않다. 이런 방식을 적용하면 글에 채워질 내용을 쉽게 결정할 수 있다.

독자의 시선을 붙잡는 비밀 병기

'부르기 효과'를 활용하라

"내가 그의 이름을 불러주었을 때 / 그는 나에게로 와서 꽃이 되었다."
김춘수 시인의 유명한 시 「꽃」의 일부다. 이처럼 길에 핀 평범한 꽃에
이름을 붙이고 그 이름을 부르면, 꽃이나 그 이름을 부르는 나는 서로
특별해진다. 관계가 생기는 것이다. 사람 간에도 마찬가지다. 서로 이
름을 불렀을 때 서로를 인식하게 된다.

글을 쓸 때도 마찬가지다. 독자에 대한 정보를 완성했다면 그다음 해
야 할 일은 그의 프로필에 나와 있는 그의 이름, 특징, 행동, 그의 문제
나 해결하고 싶은 이슈 등을 글 속에서 다양하게 언급하는 것이다. 바
로 '부르기 효과'다. 우리가 파악하거나 상상한 캐릭터를 다양한 방식

으로 이름을 붙여 부르는 것이다. 그래서 독자로 하여금 지금부터 내가 할 이야기가 그와 관련이 있음을 인지하도록 하는 것이다. 상대의 이름을 불러 고개를 돌리게 만들고, 정서적 거리를 가깝게 만들어 상대가 집중하도록 하는 효과와 같은 것. 이 기법은 제목이나 광고 메인 카피에 많이 사용된다.

포털 사이트의 쇼핑 탭에서 이 방법을 흔히 사용한다. 글의 카피나 제목을 쓰는 것이 어렵다면 쇼핑 탭을 참고하며 연습해봐도 좋다.

· 족저근막염? 이것은 신세계!
· 타일 사이사이 청소도 너무 쉬워 곰팡이 씨를 말려줄게요*

요즘 인터넷 창을 켜면 클릭하지 않고서는 못 견디게 만드는 이런 문구를 쉽게 찾아볼 수 있다. 최근 인터넷 쇼핑을 한 적이 있다면 어떤 제품에 흥미를 느껴 클릭하고 싶다는 생각을 했는지 되돌아보자. 이 문구를 접한 시기에 나는 몸매와 관련된 옷에 관심이 갔다. 몸매 보정이 고민이고, 이제는 나이가 들어가는 것이 두렵기 시작한, 사회생활을 하는 30대 여자. 동시에 누군가의 아내, 누군가의 며느리. 이 광고 카피에서 부르고 있는 대상이 바로 나였다. '며느리', '뱃살', '10년', '출근룩',

---

* 출처: 포털 사이트 다음 쇼핑 탭.

'살'과 같은 키워드들은 때로 나의 고민, 나의 정체성 등을 연상시키면서 나를 부른다. 그러면 나는 그들로 하여금 '불리었기 때문에' 서로 관계가 있다고 생각하게 된다. '나를 부르는구나', 혹은 '내 이야기구나'라고 느끼게 한다는 것. 이것이 바로 부르기 효과다. 나는 결국 '불리었기에' 그들의 부름에 응답한다. 클릭, 그리고 구매로!

반대로 '살'에 대한 스트레스가 없고, 아직 미혼인 20대 초반의 남성이 이 글을 본다면, 아예 이런 글이 있었다는 사실조차 인지하지 못하고 지나갈 가능성이 높다. 그가 걸음을 멈추고 집중할 이유가 없기 때문이다.

만약 같은 옷이라도 '며느리', '군살' 등을 언급하지 않고 상품명과 가격만 나타낸 경우는 어떨까. 독자의 주목도가 현저하게 떨어질 것이다. 제목이나 카피에서 부르기 효과를 반드시 써야 하는 이유가 여기에 있다.

나의 글 역시 마찬가지다. 몽타주를 설정하고 그림을 완성했다면 이제 독자를 불러세워 읽도록 해야 한다. 그리고 내가 원하는 목적이 달성되도록 독자에게 긍정적인 영향을 미쳐야 한다. 그러기 위해서는 독자를 어떻게 불러세울지 고민해야 한다. 여러 프로필 가운데 며느리로 부를지, 아내로 부를지, 워킹맘으로 부를지, 혹은 살 빼고 싶은 사람으로 부를지, 몸매 보정을 원하는 사람으로 부를지. 이런 고민 끝에 그 중 가장 강력한 이름을 선정하는 것이 필요하다.

앞서 말했듯 대부분 이 부르기 효과는 제목을 선정하거나 메인 카피를 잡을 때 많이 사용된다. 온라인에서는 클릭을, 오프라인에서는 멈추기를 유도하기 위해서다. '읽히기 위한 첫 번째 스텝'을 통과하기 위한 장치다. 지금까지 우리가 불리는 줄도 모르고 불리어서 카드를 꺼내 들었던 것처럼 나의 독자도 내 글을 보고 그렇게 행동하도록 유도해야 한다.

지금부터 당신의 독자를 무엇으로 부를지, 어떤 방식으로 부를지 한번 고민해보자. 어렵다면 포털 사이트 쇼핑 탭에 들어가 당신의 눈에 띄는, 혹은 당신이 상정한 독자 눈에 띌 만한 카피를 정리해보자.

1. ——————————————————————————

2. ——————————————————————————

3. ——————————————————————————

4. ——————————————————————————

5. ——————————————————————————

이제 수집한 내용을 참고해 당신의 독자에 맞춘 카피를 완성해보자.

1. _____

2. _____

3. _____

4. _____

5. _____

돼지를 돼지라 부르면 속이 상한다

다만, 부르는 단어에 신중을 기해야 한다. 누군가 당신에게 '야, 이 돼지야!'라고 말했다고 하자. 당신은 어떤 기분이 드는가? 별다른 기분이 들지 않았다면 살에 대한 스트레스가 없는 상태일 것이고, 반대로 기분이 상했다면 살에 대한 스트레스가 많은 상태일 것이다.

나는 기분이 몹시 나빴다. 슬프게도 나는 이 말을 첫째 아이에게 처음 들었다. 셋째를 출산하고 얼마 되지 않았을 때다. 아이는 목욕을 하다 말고 아주 천진난만한 얼굴로 웃으면서 "엄마, 돼지야!"라고 말했다. 거의 낭떠러지로 떨어지는 것 같은 기분을 느꼈다. 심장이 쿵 하고 내려앉고, 안 그래도 망가져버린 내 몸이 더 비루하게 느껴지기까지 했다. 남편에게 이 사실을 말하면서 하소연을 하는데, 남편은 전혀 공감하지 못했다(그는 여태 살이 쪄본 적이 없는 사람이다). 그는 애가 그냥 장난으로, 그것도 애정을 담아 장난을 친 건데 뭘 그렇게 심각하냐고 말한 것이다.

그랬다. 어쩌면 나는 이전에도 여러 번 '돼지야!'라는 말을 들었을지 모른다. 하지만 '뚱뚱하다'는 것을 자각하지 않았던 시절에는 그 단어가 그처럼 가슴에 비수로 박히지는 않았을 것이다. 말 그대로 '장난'으로 받아들였을 것이다. 하지만 스스로 '뚱뚱해졌다'며 자괴감을 느끼고 있던 상황에서, 아들의 천진난만한 그 대사는 나의 슬픈 인생사에 길이 남는 어록으로 기록되었다.

이 상황은 무엇을 의미할까? 글을 쓰고 말을 할 때 반드시 독자의 상황을 고려해야 한다는 이야기를 하고자 한다. 마르고 날씬한 사람에게 "야, 이 돼지야!"는 애칭, 혹은 장난으로 쓰일 수 있지만, 뚱뚱한 사람에게 "야, 이 돼지야!"는 언어폭력이 될 수 있다. 같은 말이라 하더라도 독자가 처한 상황에 따라 느끼는 감정은 달라진다. 상황을 고려하지 않으면 글의 목적을 달성하기 어려워질 뿐만 아니라 자칫 독자에게 상처를 입혀 글 자체가 배척의 대상이 될 수 있다.

따라서 우리는 상대방을 부르는 언어를 결정할 때 고도의 심리전을 펼쳐야 한다. 이를테면 55세 가정주부인 여성이 옷을 사도록 하려고 한다. 그를 부르는 글을 어떻게 써야 할까? '어려 보인다'와 '젊어 보인다' 중에 어떤 단어를 쓰는 것이 유리할까? 또 34세 직장인 여성에게 옷을 구매하도록 유도하는 글을 쓸 때 '어려 보인다'와 '젊어 보인다' 중에 어떤 단어를 쓰는 것이 좋을까?

55세 독자층에는 '젊어 보인다', 34세 독자층에는 '어려 보인다'가 더 맞을 것이다. 이렇게 단어 하나에 복합적 감정이 들어가기에 한글이 어렵다. 둘 다 옷을 통해 본인 나이보다 적은 나이로 보이고 싶다는 욕구와 니즈는 동일하지만, 기대하는 기준이 다르다는 것.

그의 문제를 직접 언급하는 것이 좋을지, 에둘러 표현하는 것이 좋을지 신중하게 결정해야 한다. 자칫 부르는 방식에 감정이 상해 끝끝내 내가 쓴 글에 눈길을 주지 않을 수도 있다. 앞서 예시로 든 '뚱뚱하다'는 표현이 그렇다. 그래서 흔히 사용하는 표현이 반대급부에 있는 '날씬해지고 싶다면', '똥배를 쏙 감춰주는' 등인 것이다. 직접 문제를 언급하지 않으면서 그들의 니즈를 언급하는 식으로 말이다.

그래서 특히 사회복지나 기업의 사회 공헌 서비스 관련 글을 쓸 때는 조심해야 한다. 직접적으로 '식사 해결이 어려우신 분'이라 언급하면 쉽게 그 손을 잡을 수가 없다. '하루 세끼 반찬이 해결됩니다'라고 이야기하는 것이 낫다. 사회적으로 편견이나 선입견이 있을 수 있는 표현을 삼가라는 것. 내 회사의 서비스나 제품을 통해 독자가 어떻게 변화할 수 있는지 상상하게 만드는 글이어야 한다. 그래야 더 많은 독자를 내 글로 불러 모을 수 있다.

독자는 지금 어디에 있는가

어디서부터 말을 꺼내야 할까

얼마 전 우리 회사에 발령을 받아 근무하는 CEO가 있다고 하자. 그 바로 옆에는 우리 회사에서 20년간 일해온 부장이 앉아 있다. 이 두 사람에게 오늘 당신의 업무를 보고해야 한다면, 어떻게 할 것인가? 물론 실제 상황이 벌어지면 당연히 CEO를 기준으로 이야기해야 할 것이다.

이 사례를 든 이유는 어디서부터 이야기를 꺼내야 할지 결정하는 방법을 설명하기 위해서다. 독자가 어디에 서 있는지에 따라 이야기를 시작할 지점도 달라지기 때문이다. 쉽게 말해 우리가 사람을 찾을 때 집 안 어디엔가 있다고 생각하면 바깥에서부터 집 안으로 들어가면서 그를 부른다. 하지만 안방에 있다는 사실을 알면 안방 문턱을 넘으면서 그를 부르면 된다. 그가 현재 어디에 있느냐에 따라서 설득의 출발점은 물론 그 내용까지 변할 수 있는 것이다.

내가 아는 대표님은 업소용 식기세척기 회사를 30년째 운영하고 있다. 한때는 시장 점유율이 90%에 육박했다고 한다. 물론 지금도 우리나라에서 시장 점유율이 가장 높다. 하지만 처음부터 사업이 녹록하게 된 것은 아니다. 그때는 고객을 만나 영업할 때 식기세척기라는 것이 무엇이고, 어떻게 사용해야 하며, 어떤 점이 편리하고 또 어떤 유익을 가져다주는지 정도만 설명하면 되었다. 세부적인 편의 기능까지 굳이 설명하지 않아도 된 것이다. 아는 사람이 없었던 만큼 경쟁자도 없었다.
하지만 요즘은 다르다. 식기세척기를 쓰지 않는 업소가 없다. 그만큼 후발주자도 많이 생겨났다. 지금은 영업하러 가면 '가격, 스펙, 편의 기능'부터 이야기해야 된다고 한다. 상황이 이러한데 식기세척기가 무엇인지, 어떤 점이 편리한지를 이야기할 필요가 있을까? 당연히 아니다. 다른 제품과의 차별성이 고객에게 전달해야 할 가장 중요한 메시지가 된 것이다.

만약 내가 하려는 이야기가 독자 입장에서 생소하게 느낄 만한 내용이라면, 독자가 아무것도 알지 못한다는 것을 전제하고 그에 맞게 글을 써야 한다. 하지만 내가 하려는 이야기가 이미 많은 사람에게 알려진 평범한 내용이라면, 다 알 만한 내용은 걷어내야 한다. 왜 나를 선택해야 하며, 이 제품이나 서비스를 선택해야 하는지부터 시작하면 된다.

처음 상황으로 다시 돌아가보자. 갓 부임한 CEO는 우리 회사의 최고 직급자이자 최종 의사 결정권자다. 하지만 그는 실무자인 나만큼 우리 회사에 관해 모를 것이다. 물론 시간이 지난 후에는 그가 나보다 더 큰 통찰과 넓은 안목을 가지게 되겠지만 현재 상황은 그렇다고 볼 수 있다.

내가 그에게 인정받으려면 보고서는 어떻게 작성해야 할까? 당연히 쉽고 친절하게 써야 한다. 그가 CEO로 왔기 때문에 다 알고 있을 것이라는 전제를 접고, 그가 아무것도 알지 못한다는 것을 전제로 해야 한다.

CEO 입장에서 생각해보면 내가 잘 알지 못하는 내용과 단어가 즐비한 보고서를 받아들게 되면 선택과 결정을 하기가 굉장히 부담스러울 것이다.

그렇다고 "이게 뭔가요?", "이건 무슨 말이죠?"라고 물어볼 수 있을까?

쉽지 않다. 안타깝게도 직책이 높을수록 자신이 모르는 것을 인정하고 타인에게 질문하기가 어려워진다. 결재 시간이 길어지든 잘못된 선택을 하든 결국 손해는 실무자가 지게 된다. 따라서 나 자신과 나의 상사를 위해 조금 더 쉽고 친절한 글을 쓰도록 노력하자. 그가 빨리 내용을 파악하고 업무에 적응하도록 돕는 것이 곧 나의 발전에도 도움이 된다.

어디까지 독자를 데리고 갈 것인가

독자가 기대하는 바에 따라 핵심 메시지는 바뀐다. 필요에 의한 것인지, 욕구에 의한 것인지도 굉장히 중요한 변수로 작용한다. 또 욕구 중에서도 1차원적 욕구인지, 고차원적 욕구인지도 굉장히 중요하게 생각해야 할 내용이다. 때로는 '필요'로 가장하고 있어도 실은 '욕구'에 의해 의사 결정을 하게 될 수도 있다. 또 겉으로는 고차원적 욕구로 보였으나 실제로는 1차원적 욕구가 더 강한 경우도 있다. 독자가 어떤 것을 생각하고 나의 글을 읽고 있는지에 초점을 맞춰야 내가 원하는 목표 지점에 도달하기가 쉬워진다.

화장품을 예로 들어보자. 먼저, 독자를 누구로 할 것인가에 답해야 한다. '35세 싱글 여성, 12살 연하 남자친구와 50일째 연애 중, 직장인 (과장)'을 독자로 정했다고 생각해보자. 이 독자에게 지금 가장 중요한 것이 무엇일까? 예측컨대 '50일 된 12살 연하 남자친구'일 것이다. 화장품을 고를 때도 그 부분을 고려하지 않을 수 없다. 겉으로 봤을 때는 화장품이 '필요'해서지만, 실제로는 '애정'이든 '자기만족'이든 '욕구'가 숨겨져 있는 것이다. 그런 심리를 꿰뚫어 메시지를 짜야 한다.

제안서를 쓰는 일도 마찬가지다. 이러한 이유 때문에 '기대 효과'나 '목적'을 제안서 카테고리에 두는 것이다. 제안서를 받아들 사람이 이 프로젝트나 예산 집행을 통해 어떤 꿈을 꾸고 있는지를 간파하고, 그에 걸맞은 그림을 그려 텍스트로 보여주어야 한다. 이것이 바로 내가 해야 할 일이다.

가령 어떤 기관에서 스타트업에 예산을 주는 프로젝트를 한다고 했을 때 제안서 내용을 어떻게 채울 것인가를 두고 고민해야 한다. 독자 입장에서 생각해보자. 그 돈을 어떻게 쓸 것인가만큼 무엇을 중요하게 볼까? 바로 '기대 효과'다. 기관 입장에서 인풋 대비 아웃풋을 예측해볼 수 있는 항목이기 때문이다. 기대 효과에 '그 예산을 받아 우리 사업이 30% 성장할 것이고, 150%의 매출 증대가 기대된다'라고만 쓴 쪽과

'해당 기관과의 사업 연계로 홍보 효과 및 이미지 제고 기대'가 함께 포함된 쪽이 있다면 어디가 더 유리할지 생각해보자.

글을 읽고 심사하는 입장에서, 당연히 주는 쪽에도 어떤 목적과 이익이 발생하는 것처럼 보여져야 채택 가능성이 높아진다. 물론 애초에 지원 사업 목적은 사회 공헌 쪽이었겠지만, 그럼에도 기관도 뭔가 얻고자 하는 '욕구'가 존재한다는 것을 기억해야 한다.

독자를 어디까지 데리고 갈 것인지, 그 목표 지점을 잘 정하기 위해 가장 필요한 것은 역시나 '독자'에 대한 파악이다. 독자가 어떤 상황에서 어떤 미래를 상상하고 있는지를 정확하게 알아야 독자를 만족시킬 수 있는 글이 탄생한다. 이 제품이나 서비스, 혹은 내가 얼마나 훌륭한지를 내세우는 것보다 더 중요한 메시지가 독자 안에 숨겨져 있다.

3장

핵심 메시지를
정하는 법

죽어도 기억해야 할 한 가지

내가 둘째를 낳고 열흘 만에 투병 중이던 아버지가 의식을 잃으셨다. 제왕절개 실밥을 풀고 나자마자 아버지의 임종이 임박했다는 소식을 듣게 된 것이다. 병원에 달려갔지만 이미 아버지는 나와 눈을 맞출 수 없는 상태였다. 우리는 더 이상 대화도 나눌 수가 없었고, 옆에 있던 의료진은 내게 마지막 인사를 해야 한다고 했다.

나는 아버지에게 하고 싶은 말이 참 많았다. 아이를 잘 출산했으니 걱정하지 않아도 되고, 아이는 조금 이르게 태어나 중환자실에 있지만 큰 문제는 없다고 말해주고 싶었다. 아버지와 싸웠을 때 미안하다는 말을 못 했는데, 그게 내 진심은 아니었다고 오해도 풀고 싶었다. 또 아이를 키워 보니 아버지가 나를 얼마나 많이 사랑했는지도 알겠고, 아버지로서 희생하며 살던 삶이 얼마나 힘들었는지도 이제 어렴풋이 짐작할 것 같다고 말해주고 싶었다.

하지만 내게는 시간이 없었다. 그간의 오해를 풀고, 마음을 터놓고 사랑을 고백할 시간이 내게는 주어지지 않았다. 아버지의 숨은 점점 잦아들었다. 나는 의료진의 말처럼 마지막까지 깨어 있을 청각 기관마저 닫히기 전에, 세상을 떠나는 아버지의 마음에 한마디를 새겨넣어야 했다. 하지만 어떤 말이 우선인지 판단할 수가 없었다. 실은 아무 말도 생각나지 않았다. 그때 '아버지가 꼭 기억해줬으면 하는 것이 뭐지?'라는 생각이 잠시 스쳤다. 나는 '사랑한다. 남은 건 걱정 말고 편하게 가시라'고 아버지의 귀에 속삭였다.

아무리 나쁜 관계에 있다 하더라도 사람이 죽어가는 상황에서는 선후 관계를 따지지 않는다. 아무리 사랑했던 사람이라 하더라도 임종하는 상황에서 처음 만났을 때의 감정을 털어놓지 않는다. 그저 미안하다든지, 고맙다든지, 사랑한다든지 그 순간 상대가 꼭 알아줬으면 하는 이야기를 꺼내게 된다. 길지 않다. 짧게는 1~2초, 길어야 5초다.

조금은 극단적인 예를 들었지만 핵심 메시지란 이런 것이다. 내게 최소한의 시간만 허락될 때, 그럼에도 불구하고 독자에게 꼭 기억되었으면 하는 한마디, 그것이 바로 핵심 메시지다.

종종 글의 핵심 메시지가 무엇이냐 물으면 1분에서 5분 정도를 설명하는 사람들이 있다. 그것은 핵심 메시지가 아니다. 그냥 글에 대한 설명이다. 보고든 카피든 글로 표현되는 형태의 핵심 메시지는 한 줄로 요약이 가능해야 한다.

그렇지만 생각보다 핵심 메시지를 '한 줄'로 정리하는 일이 쉽지는 않다. 박영선 의원은 내게 속보나 상임위 소관 기관과 관련해 꼭 알아야 할 이슈가 발생하면 문자 메시지로 보고하라고 했다. 그런데 단서가 있었다. MMS 말고 단문 메시지일 것. 이렇게 하는 것은 쉽지 않았다. 기사 제목만으로도 이미 단문 메시지 글자수를 꽉 채우는데, 기사 핵심 내용까지 전달해야 했다. 나는 '과연 가능한 일인가' 의심을 품을 수밖에 없었다. 꼭 그래야 하는 이유가 있냐고 묻고 싶었지만 내게는 그럴 용기가 없었다.

결국 나는 보도된 언론사 이름과 핵심 내용을 엄선해 요약, 보고하기로 결정했다. 제목 전체를 보여주는 것보다는 그 기사에서 꼭 알아야 하는 내용이 더 중요하다고 생각한 것이다. 내 판단은 맞았다. 그런 방식으로 메시지를 보내니 의원이 때에 따라 궁금한 점이 생기면 직접 전화해서 내게 더 자세한 내용을 물어보거나 기사 링크를 보내 달라고 요청했다.

지금 생각해 보면, 의원은 그 업무를 통해 내가 핵심 메시지를 명료하게 전달하는 방법을 스스로 깨닫도록 하고 싶었던 것 같다. 실제로 그 경험은 핵심 메시지를 찾아내는 능력을 키우는 데 많은 도움이 되었다. 독자 입장에서 생각하는 연습도 꽤 많이 되었다. 나 역시 한 사람의 '독자'였기 때문이다. 핵심 메시지를 정하기 어렵거나 한마디로 정의하는 것이 힘들다면 이 방법으로 트레이닝해보기를 추천한다.

'양파 총리'의 탄생

상황이 긴박했다. 총리 후보자가 하마평에 오르고 본격적으로 청문회 일정이 나오기 전부터 시작된 제보 전화는 청문회가 진행되는 동안에까지 이어지고 있었다. 근무 시간이 아닌 새벽 2시에도 전화가 울릴 정도였으니 그 열기가 실로 어마어마했다.

후보자의 자녀가 다니는 학교의 학부모, 골프장 캐디, 호텔 직원 등 제보자의 위치도 성별도 다양했다. 거의 역대급이었다. 보좌진으로서 몇 번의 청문회를 거쳤지만, 이토록 많은 의혹과 제보가 쏟아진 것은 처음이었다. 게다가 그 제보들은 꽤 쓸모가 있는 것들이었고 후보자의 자질을 검증할 때 매우 중요한 단서가 될 내용이었다. 처음으로 인생을 어떻게 살아갈 것인가를 고민하게 했다. '사람들의 눈이 이렇게나 많구나' 새삼 느낄 정도였다.

하지만 그런 공상과 감성에 젖어 있을 겨를이 없었다. 그 순간에도 전화벨은 울렸고, 우리는 쏟아지는 제보에 근거해 밤을 새워가며 사실을 확인하고 질의서를 만들어갔다. 의원 역시 거의 자지도 않고 사무실에 남아 스터디를 하며 질의를 어떻게 이어갈 것인지 전략을 구상하고 있었다. 그렇게 사실 관계가 정확해진 내용을 바탕으로 질의가 시작되었다. 의원은 역시나 모든 카메라의 스포트라이트를 받았고 언론의 관심 역시 우리 의원실을 향했다. 그야말로 다크호스였다. 내 인생에서 가장 뜨거운 순간이 아니었을까 생각한다.

청문회 둘째 날이 되었다. 나는 청문회장에서 배석하며 상황을 체크하고 있었다. 의원실에서 보내주는 자료나 정보를 정리해 의원이 얼른 확인하고 판단할 수 있도록 쪽지를 건네고 혹시나 있을 비상 상황에 대처하는 역할이었다. 쏟아져 들어오던 제보만큼이나 그 내용의 스펙트럼도 엄청나게 넓었다. 어떻게 정리해서 줘야 하나 고민하다가 10개쯤 되는 제보 내용들을 짧게 정리해줬다. 그것을 본 의원이 '이렇게 까도 까도 또 나오는 사람도 없을 것 같다'고 속삭였다.

잠시 후 나는 내가 완벽한 하수, 의원은 완벽한 고수라고 인정할 수

밖에 없었다. 의원이 후보자를 '양파 총리'로 규정하면서 "이렇게 제보가 많이 들어와 일일이 다 읽어드릴 수도 없다"라고 정리해버렸다. 전율이 느껴졌다. 핵심 메시지가 너무 많아서 어떻게 다 전달해야 하나 고민하다 짧게 줄여서 목록으로 전달했더니, 그것을 이렇게 한 방에 정리하다니. 양파의 속성을 특수한 상황에 덧입혀 완벽하게 매칭시킨 것이다. 그날 언론은 일제히 양파 총리라는 단어를 받아 적었다. 앵커 출신으로서의 감이 제대로 빛을 발하던 순간이었다. 양파 총리라는 상징적 단어를 핵심 메시지로 앞세우며, 의혹이 끊이지 않는 사람이라는 이미지를 부각시킨 것이다.

당시 제기되었던 후보자에 대한 의혹과 문제들은 거의 잊혀졌지만, '양파 총리'라는 단어는 여전히 많은 사람이 기억하고 있다. 이런 것이 바로 핵심 메시지다. 굳이 문장이 아니어도, 구구절절 설명하지 않더라도 사람의 뇌리에 딱 박힐 수밖에 없는 것. 우리는 그런 메시지를 독자에게 전달해줘야 한다.

입보다 귀를 바쁘게 하자

좋은 질문이 답을 찾는 지름길이 된다

　우리가 글을 쓰면서 아무리 고객이나 상사의 입장에서 상황을 정리하고자 하더라도 머릿속으로 상상만 해서는 '불확실한 영역'에서 벗어날 수 없다. 불확실한 것을 확실한 것으로 만드는 단 하나의 방법은 내가 직접 '사실'을 확인하는 것뿐이다. 학자들의 100가지 정보도 현장을 제대로 반영하는 나 자신의 체험보다 낮지 않다.

　물론 어느 작가처럼 6개월씩 현장에 나가 취재하라는 뜻이 아니다. 비즈니스 영역에서의 글쓰기는 대다수 기한이 'ASAP'(가능한 한 빨리)이다. 그렇기 때문에 오랜 시간 현장에 머무르기가 어렵다. 그래서 현장에 있는 '사람'을 인터뷰하는 방식을 선택한다. 한 번에 현장을 100%

이해하기는 어렵지만, 복수 인물에게 중복해서 물을 경우 거의 100%에 근접한 결과를 얻을 수 있다.

그래서 나 역시 모든 글을 쓰기에 앞서 짧든 길든 인터뷰를 먼저 진행한다. 그들의 문제와 그들이 꽂히는 글의 맥락을 파악하기 위해서다. 힌트를 얻고 답을 확인받는 과정인 것이다. 현장에 가까이 갈수록 현장의 사람과 가까울수록 글의 목적 달성률도 높아진다. 글의 날카로움은 단어에서 나오는 것이 아니라 현장 파악 정도에서 나온다. 지금 바로 당신의 독자가 있는 그곳으로 나가자. 그리고 묻고 확인하자. 현장에는 문제의 본질, 답, 내가 써야 할 글이 다 있다.

아파트 방수 공사 수주를 위한 광고 제작에 참여했을 때의 일이다. 아파트 방수 공사라는 분야가 내게는 무척 생소했고, 심지어 그 회사에서 나오는 전문 용어 중 아는 단어는 단 하나도 없을 정도였다. 그럼에도 내게 들어온 일이었기에 나는 그 일을 잘해내야 했다.

그 과정에서 역시 내가 찾은 것은 독자였다. 나는 독자를 파악하기 위해 해당 회사 대표님과 사전 인터뷰를 진행해 누구에게 의사 결정권이 있는지 파악했다. 그 결과는 다음과 같다.

· 주고객은 누구인가? → 아파트 관리소장

· 관련 고객은 누구인가? → 입주자 대표 회장/입주민

　결정은 대부분 아파트 관리소장의 몫이었다. 때에 따라서는 입주자 대표 회장이 결정하기도 했지만, 아직까지는 비율로 치면 아파트 관리소장의 몫이 더 큰 상황이었다. 하지만 거기까지였다. 나는 아파트 관리소장이나 입주자 대표 회장을 만나본 적이 없었다. 그들이 무슨 생각을 하고 있는지, 그들의 문제는 무엇인지, 업체를 선정할 때 중요하게 생각하는 것이 무엇인지 알지 못했다.

　이번에도 나는 혼자 상상하지 않고 우리 아파트 관리소장, 옆 아파트 관리소장, 입주자 대표 회장 몇몇을 만났다. 나는 그 과정에서 매우 중요한 사실을 알게 되었다. 그들은 똑같이 방수 공사 업체를 선정하는 데 중요한 의사 결정을 내리는 사람들이지만 일을 집행하는 기준이 매우 다르다는 것을.

　그들이 비슷한 존재로 보일 수 있지만 사실 한쪽은 업무 담당자, 한쪽은 실거주자다. 한쪽은 업무의 편리성과 효율성을 중요하게 생각했고, 한쪽은 재산으로서의 가치 상승과 거주지로서의 안전성을 중요하게 생각하고 있었다. 당연히 글의 핵심 메시지도 바뀌어야 했다.

결과적으로 광고가 나가고 회사로 들어오는 문의 건수가 급증했다. 그 기세를 몰아 계속 핵심 메시지를 중심으로 인터뷰, 칼럼, 기사, 유튜브 등을 적극적으로 해나가며 사세를 확장하는 중이다.

어차피 답은 상대가 가지고 있다

전자 제품 영업사원 두 사람이 기억난다. 한 사람은 내가 결혼할 때 혼수를 구입했던 A이고, 다른 한 사람은 내 동생이 결혼할 때 혼수를 구입할 '뻔'한 B다. 결과부터 말하면 동생과 나는 대부분의 혼수를 같은 브랜드로 결정했다.

더 엄격히 말하면 애초 혼수를 사러 갔을 때 이미 정해져 있던 일이었다. 나는 내가 구입한 브랜드에 매우 만족하며 사용 중이었고 옆에서 그 모습을 지켜보고 같이 사용했던 동생도 이미 마음을 정한 터였다.

내게 그 브랜드를 권했던 사람이 앞서 소개한 A씨다. 그 사람은 나로부터 시작해서 나의 회사 선배, 기자 시절 취재원에 이르기까지 다섯 명의 집안 혼수를 담당했다. 그만큼 영업을 잘하는 사람이었다. 여기까지 이야기하면 대부분 그가 말을 잘할 것이라고 생각한다. 하지만 아니다. 그는 말이 없었다. 처음부터 끝까지 듣기만 했다. 심지어 동행한 이와 나눈 대화까지 옆에서 경청하고 있었다. 그는 물어보는 말에만 정확하게 대답했다.

이를테면 나는 남편에게 "꼭 삼성, LG 냉장고를 사야 하나? 가격대가 많이 차이 나는데?" 하고 묻다가, A에게도 이를 물었다. A는 "꼭 브랜드가 중요한 게 아니라면 저는 OO사 냉장고를 추천합니다. 김치냉장고로 유명한 OO브랜드 제조사고, 모터도 10년 무상 AS라 괜찮아요"라고 말했다. 옆에서 내가 말하는 요지를 정확하게 파악한 것이다. 누구나 자기 주장이 맞다는 것을 인정받고 싶어 하는데, A가 그 부분을 충족시켜준 것이다. 게다가 소비자 입장에서 다른 OO사 냉장고가 왜 좋은지도 아주 간단명료하게 설명해줬으니, 더 말하면 잔소리였다. 다른 전자 제품도 그런 식이었다. 심지어 남편이 LG에 다니고 있고, 그래서 TV 정도는 LG로 했으면 좋겠다는 이야기를 옆에서 듣고는, TV 고르는 타이밍에 그 이야기에 힘을 실어줬다. 본인이 아는 것을 쏟아내려 하기보다는 고객이 어떤 니즈를 가지고 있고, 어떤 가치관을 중시 여기는지 체크한 후 그 내용에 맞는 조언만 해줬던 것이다.

반면 B씨의 첫인상은 매우 적극적인 편이었다. '혼수'를 보러 왔다는 이야기가 끝나기가 무섭게 우리보다 앞장서서 가전 코너를 돌며 설명을 시작했다. 우리가 뒤를 쫓아가며 "저 사람 숨차겠어"라고 말할 정도였다. 하지만 자기가 전해야 할 정보가 너무 많았던 탓인지, 우리의 관심사에는 그다지 관심이 없어 보였다. 아무리 OO사 냉장고는 어떠냐 물어도 삼성 냉장고를 설명하기 바빴다. 사이즈가 큰 TV의 가격을 묻는데, 제조사마다 다른 제품 특징을 설명했다. 그는 말이 매우 많았고 심지어 유머도 있었다. 하지만 우리는 끝내 그에게서 제품을 구입하지 않았다. 그는 우리가 궁금한 것과 우리가 보고 싶어 하는 것에 관심이 없었기 때문이다. 그는 결국 거래에 실패했다.

이 예에서 볼 수 있는 것처럼 글이 제 역할을 하기 위해서는 내가 알고 있는 것과 말해야 할 메시지를 전하는 것보다 상대 이야기를 듣는 것이 더 중요하다. 상대방의 이야기 속에 결국 답이 있다. 그가 듣고 싶은 말이 무엇인지, 그에게 필요한 정보가 무엇인지 잘 파악해 표현해주는 것이 좋은 글의 핵심이다.

그래서 나는 말을 잘하는 사람이 잘 묻는 사람을 못 이기고, 잘 묻는 사람이 잘 듣는 사람을 못 이긴다고 항상 말한다. 핵심 메시지는 이렇게 상대방의 입에서 흘러나오는 경우가 많다. 그래서 독자의 목소리에 귀 기울여야 한다. 내 것을 설명하느라, 내가 걸어온 길을 소개하느라 그 목소리를 놓치지 않도록 주의하자.

묻는 말에만 제대로 답해도 좋다

글은 커뮤니케이션 수단이다

묻는 말에 대답한다는 것은 참 단순하고 쉬운 일이다. 사랑하냐고 물으면 사랑한다 답하면 된다. 하지만 의외로 묻는 말에 제대로 답하지 않는 사람들이 많다. 물론 대답을 건넨 사람은 자신이 제대로 답했다고 착각하고 있을 가능성이 높다.

클라이언트와의 대화 중에 "이 글의 어느 부분이 마음에 안 드시나요?"라고 물었는데 "조금 더 생동감이 느껴지면 좋겠어요"라는 대답을 듣는 경우가 있다. 어느 부분이냐 물었는데, 느낌에 대해 답하는 것이다. 이런 대답으로는 일이 제대로 진행될 수 없다. 아예 감도 못 잡는다.

또 마찬가지로 인쇄소에 "혹시 저희 홍보물 언제 나올까요?"라고 물었는데 "오늘 교정 봤습니다"라는 답이 돌아오는 경우가 있다. 내가 얻고자 하는 정보를 전혀 알 수 없는 답이다. 오늘 교정을 봤다는 이야기를 왜 하는 걸까? 나는 오늘 뭐 했는지가 궁금한 것이 아니고 그 홍보물이 언제쯤 완성되는지가 궁금하다. 이런 대답은 또 다른 질문을 불러온다.

우리 직원에게 "오늘 행사에 필요한 물품 제대로 오는 거 맞지?"라고 물은 적이 있었다. "네, 말은 해두었습니다"라고 답하길래, "온다는 거야, 안 온다는 거야?"라고 다시 질문했다. 그러면서 말했는지 안 했는지가 중요한 것이 아니라, 제대로 도착하는지에 대한 대답이 필요한 것이라고 충고한 경험이 있다.

이렇게 묻는 말에 대해 빠르게 답이 나오지 않으면 상대는 예민해진다. 날카로운 상태로 다시 내가 얻고자 하는 정보를 취하기 위해 질문을 이어가게 된다. 결국 평화가 깨지거나 거래가 성사되지 못한다.

글 역시 마찬가지다. 글은 커뮤니케이션 수단이다. 서로 묻고 답하는 과정이 글이라는 도구로 표현되는 것뿐이다. 보고를 받을 사람이 요구한 것, 소비자가 궁금해서 물어본 것에 대한 정확한 답변이 핵심 메시지가 되어야 한다. 상대방이 뭐라 질문하든 나는 내가 준비한 답변을 하겠다는 것은 굉장히 무책임한 행동이다. 절대 목표를 이룰 수 없다. 대화 과정에서야 다시 묻고 내가 원하는 답을 찾아가면 되겠지만 글은 정형화되어 있다. 독자가 원하는 대답을 하지 못한 글은 그냥 버려진다.

메시지 전달 실패 사례

"선영아, 사랑해"

전국에 있는 선영이들을 설레게 했던 이 광고를 기억하는가? 적어도 '선영이'는 기억하고 있을 것이다. 선영이가 친구였던 사람, 선영이가 딸이었던 사람, 선영이가 언니나 누나였던 사람도 모두 기억하는 광고다. 선영이가 불러들인 관계자(?)는 이렇게나 많았다. 하지만 사랑을 고백하는 어떤 이의 애절함을 담은 현수막이 아니라 광고였다는 것만 기억할 뿐, 그것이 무엇을 홍보하기 위함이었는지를 기억하는 사람은 거의 없다. 이 광고는 앞서 말한 '부르기 효과'를 완벽하게 이용했다. 그래서 독자를 글로 집중시키는 것까지는 성공했는데, 메시지 전달에는 실패했다.

"문대성, 한판 붙자"는 또 어떤가? 대한민국 문대성이 무슨 일인가

하고 주변을 두리번거리게 만들었던 광고다. 심지어 싸움을 거는 듯한 카피 때문에 동네 지구대 형사들도 긴장했다는 후문이 전해진다. 하지만 화제를 불러일으킨 만큼 광고 효과는 좋지 못했다. 역시 앞서 본 사례와 마찬가지다. 대한민국 문대성과 문대성의 친구와 가족을 모조리 다 불러 세웠으나 내용 전달에는 실패했다.

이 광고들은 티저 광고라 해서 호기심을 유발하기 위해 제작되었다. 하지만 화제성만큼 후속 메시지가 강력하지 않았던 탓에 '티저'는 화제가 되었으나 실제 광고 효과를 크게 거두지는 못한 것으로 안다. 이 사례를 통해 우리가 생각해봐야 할 점이 있다. 바로 독자를 특정해서 잘 부르는 것만큼이나 핵심 메시지를 전달하는 것이 중요하다는 점이다. 여기서 핵심 메시지란 왜 불렀는지, 불린 독자가 어떤 행동을 해야 하는지에 대한 답이다. 이 답이 제대로 전달되지 않았기 때문에 이처럼 행동을 유발하지 못하는 글로 결과가 맺어진 것이다.

섣부른 낚시질은 외면을 부른다

독자를 잘 불렀더라도 이탈이 되는 몇몇 경우의 수가 있다. 부르기 효과를 통해 독자의 주목을 받았는데, 앞서 이야기한 사례처럼 어떤 행동을 해야 하는지 정확하게 이야기하지 않은 경우, 기대에 못 미치거나 제공해야 할 내용이 빠져 있는 경우, 또는 흥미를 끌지 못하는 경우가 여기에 해당한다.

그중 가장 큰 죄가 있다. 바로 '괘씸죄'다. A를 보여줄 것처럼 불러놓고 B를 보여주는 경우. 오프라인에서도 많이 일어난다. 중고차나 부동산 매매에 자주 등장하는 '허위 매물'이 대표적인 예다. 1,000만 원짜리 신형 BMW가 중고 매물로 나왔다 해서 가보면 '방금 판매가 되었다'고 말하며 다른 제품을 보여주는 경우. 매물로 나온 집이 있다고 해서 가보면 '그 집은 방금 계약이 되었고, 다른 집이 있는데' 하는 경우가 여기에 속한다. 이런 경험을 한 번쯤 해본 사람이라면, 이 상황이 얼마나 화가 나는지 알 수 있을 것이다. 매물이 없어서 화가 나는 것이 아니라 뻔한 수법 때문에 화가 나는 것이다. 그래서 다시는 그 부동산이나 중고차 매매상에 가지 않게 된다. 이제부터 그가 하는 말은 콩으로 메주를 쑨다 하더라도 절대 믿지 못한다.

온라인은 좀 다를까? 결론부터 말하면 똑같다. 이를테면 온라인에서 청담동 며느리 스타일, 10년은 젊어지는 색조에 대해 광고했다면 그 링크를 따라갔을 때 그것과 매칭이 되는 콘텐츠가 바로 연결되어야 한다. 하지만 그렇지 않은 곳들이 많다. 아예 그 상품 자체를 찾을 수가 없거나 한참을 뒤져봐야 아까 본 제품이 나온다. 그런데 심지어 그 제품 가격이 아까 메인 화면에서 본 것보다 훨씬 비싸게 올라와 있다면? '괘씸죄'다. 아무리 예쁜 제품을 메인에 띄워놓고 독자를 유혹했다 하더라도 연결되는 페이지가 그런 식으로 내게 실망을 안겨줬다면 바로 X 버튼을 누르게 된다.

글쓰기 영역도 마찬가지다. 부르기 효과는 매우 좋은 스킬이지만, 잘 부른 만큼 내용도 잘 채워져야 독자의 신뢰를 얻을 수 있다. 소문난 잔치에 먹을 것 없다. 이렇게 결론이 나는 순간 앞으로 내가 쓰는 글, 내가 만든 브랜드는 독자로부터 외면당하기 쉽다.

그것이 바로 낚시질이 나쁘다, 호명 효과가 나쁘다는 인식의 주원인이다. 사실 낚시질이 나쁜 것이 아니다. 나쁜 낚시가 있을 뿐이다. 어떤 문구나 글에 홀려 링크를 따라 가보니 아무것도 없을 때, 혹은 관련 없는 정보가 보일 때, 독자는 허탕을 쳤다는 느낌을 받게 된다. 미끼를 던졌으면 그 기대에 부응할 수 있는 결과를 재빨리 제공해야 한다.

사람들은 생각보다 과정에 관심이 없다

'낚시질'을 당했다는 느낌은 우리 삶 여기저기에서 나타난다.

박근혜 전 대통령의 탄핵과 관련한 헌법재판소 판결이 있었던 날이었다. 열댓 명의 사람이 한 사무실에서 판결 생중계를 지켜보고 있었다. 재판관이 판결문을 읽어 내려간 지 5분쯤 지났을까? 한 문장 한 문장 읽어갈 때마다 "그래서 유죄라는 거야, 무죄라는 거야? 결론이 뭐야?"라며 여기저기에서 볼멘소리가 터져나왔다. 이 불만 가득한 소리는 판결문 마지막을 읽고 망치를 세 차례 내려치는 그 순간까지 수시로 공간의 적막함을 장식했다. 아마 세상에 취미로 논문을 읽는 사람이 많지 않은 것은 판결문을 처음부터 끝까지 집중해서 듣는 사람이 별로 없는 것과 비슷한 이유일 것이다. 엄마의 잔소리, 교장 선생님의 훈화 역시 마찬가지다. 이 언어들의 공통점은 결론에 도달하기까지 '핵심 메시지'를 가리는 수많은 장애물이 존재한다는 데 있다. 독자에게 전달될 목적 언어가 불분명한 것이다.

사람들은 그저 탄핵 여부가 궁금했던 것이다. 그 판결이 나오기까지의 과정은 일반적인 대중의 시선으로는 궁금하지 않을 터였다. 심지어 법문은 어렵다. 잘 알아듣기 힘든 단어가 연속적으로 나오고 심지어 길다. 당연히 '그래서 뭐?'라는 불만 섞인 소리가 나올 법하다.

그런데 이상한 점이 있다. 우리는 '핵심'을 가운데 두고 빙빙 돌려 말하는 것을 즐기지 않으면서도, 정작 내 차례가 되면 재판관이나 교장 선생님이 된다. 글도 마찬가지다. 왜 우리는 '듣는 사람 없어도 날이

밝도록' 노래하는 개구리도 아니면서, 아무도 듣지 않는 긴 이야기를 하고 있는 것일까? 또 매번 이야기를 시작하면서 길을 잃어버리고는 '이 이야기를 내가 왜 하고 있지? 어디서 정리해야 하지?' 하고 생각한다. 시작할 때 마음은 오간 데 없고 마지막 말은 영 다른 곳에 가서 허겁지겁 맺혀진다. 보고가 일상인 직장인도, 수업이 주업무인 선생님도, 그리고 이 책을 읽을 독자도 그렇게 아까운 시간과 기회를 흘려보낸다.

문제는 결과적으로 이러한 접근이 비즈니스 기회를 날려버릴 수 있다는 것이다. 모든 독자는 바쁘다. 하다못해 재판 과정을 지켜보겠다는 마음으로 자리를 잡고 앉은 이들도 결론이 쉽게 나오지 않자 볼멘소리가 튀어나왔다. 챙겨야 할 일정도 많고, 결정하고 추진해야 할 것도 많은 현대인들에게 수수께끼처럼 숨겨진 핵심을 알아서 찾아 읽게 하는 것은 일종의 고문에 가까울지도 모른다.

낚아서 내 그물로 데리고 들어왔으면 그들이 갈구하는 '그것'을 최대한 빠르게 충족시켜줘야 한다. 그렇지 않으면 물고기는 새로운 어장을 찾아 떠난다. 불러들였다면 그들이 묻는 말에 응답하라. 최대한 빨리.

말하지 않아도 아는 것은 세상에 없다

하루는 글을 쓰는 나, 디자인을 하는 동생, 부동산 컨설팅을 하는 친구, 스포츠 재활 서비스를 하는 선배가 함께 길을 걷고 있었다. 부동산 컨설팅을 하는 친구가 갑자기 2층 상가에 새로 간판을 달고 있는 가게를 가리키며 "저런 가게는 2층에 차리면 망하는데"라고 말을 꺼냈다. 그 가게의 홍보 현수막을 보면서 내가 속으로 '저건 좋은 카피가 아닌데' 하고 생각하던 찰나였다. 옆에서 디자인하는 동생은 "간판 디자인 배열과 색감은 참 좋다"라고 느끼고 있었다며 웃었다. 유일하게 말이 없던 선배는 앞서 걷는 한 남자의 걸음걸이에 집중하고 있었다.

같은 시각, 같은 거리에 서서 우리는 전혀 다른 사실을 보고 있었던 것이다. 이렇게 우리에게는 자기가 관심 있는 것, 자기가 보고 싶은 것만 보는 성향이 있다. 여기서 더 심화된 예시를 살펴보자.

여기 A후보와 B후보가 있다. SNS나 뉴스 기사를 살펴보면 A라는 사람이 더 많은 사람의 지지를 받는 것처럼 보인다. A후보의 압도적인 승리가 예상된다. 하지만 투표 결과는 전혀 다르게 나왔다. 제법 큰 표 차이로 B후보가 승리했다.

내가 정치 분야에서 일하면서 가장 어려웠던 것은 유권자의 마음을 읽는 일이었다. 내가 보는 세상이 진짜인지 아닌지 수도 없이 고민했다. 허상인가. 꿈을 꾸었나. 내가 본 것은 도대체 무엇이었을까? 정치에서 멀어져 살고 있는 지금도 잘 모르겠다. 선거철이 되거나 사회적 이슈가 발생하면 많은 사람으로부터 선호도, 찬반과 관련된 의견을 듣게 된다. 그런데 막상 뚜껑을 열면 예상과 전혀 다른 결과가 펼쳐지는 일이 한두 번이 아니다. 내 시각이 잘못된 것인지, 아니면 침묵의 카르텔을 형성하는 이들의 수가 그 정도로 많은 것인지 참으로 헷갈린다.

보좌하는 입장에서 이러한데, 후보자는 어떨까 싶다. 만나는 모든 유권자가 내게 표를 줄 것 같고 나를 열렬히 지지해준다. 캠프에 들어오면 모든 참모가 나를 치켜세운다. 당연히 당선될 것이고 당신보다 더 나은 대안은 없다고 말한다. 그렇게 후보자는 매일 '뽕'을 맞는다. 그러다 개표가 시작되면 그 충격은 말로 다 할 수 없을 것이다. 그때의 그 배신감이 얼마나 클지 나는 감히 상상할 수도 없다.

냉정하게 생각하면 세상 모든 사람이 나를 좋아할 리는 없다. 그런 일은 일어나지 않는다. 나는 내가 보고 싶은 것만 보고 듣고 싶은 것만 들으면서 스스로를 위로한다.

이처럼 내가 보고 싶은 사실만 계속 눈에 보이는 현상이 바로 필터버블이다. 100 중 50 정도만 내 생각과 일치하는 내용인데도, 내가 보고 싶은 것만 보기 때문에 나머지 50은 무시된다. 그 결과 일반화의 오류와 객관성의 실종이 발생한다.

그러다 보니 모든 관계에서 '말하는 것'과 '표현하는 것'이 굉장한 이슈가 된다. 우리는 종종 "그걸 굳이 다 말로 해야겠어?", "그걸 꼭 써줘야 아니?", "아니 그런 것도 몰라?"라며 상대를 다그친다. 말하지 않는데 무슨 수로 상대방 마음을 알겠는가. 심지어 말한다 해도 그것을 100% 신뢰할 수 없는데 말이다.

따라서 글을 쓸 때는 내가 전하고 싶은 메시지를 명확하게 전달해야 한다. 그렇지 않으면 쓴 사람의 의도와 전혀 관계없는 결과가 도출될 수 있다.

보고서, 홍보글, 연설문 등 모든 글이 마찬가지다. 쓰는 사람이 무슨 말을 하고 싶은지 정확하게 제시하지 않으면 독자는 자기가 보고 싶은 대로 보고, 자기가 해석하고 싶은 대로 해석한다. 이것은 비즈니스 글이 문제를 해결하고 결정의 단서를 제공하는 데 장애물이 된다. 다음 예시를 함께 보자.

현수야, 우리가 처음 헤어졌던 날을 기억하니? 너는 나에게 친구가 실연을 당해서 그 친구를 위로하는 자리라 연락을 자주 할 수 없다고 했어. 당연히 나는 너의 이야기를 그대로 믿었지. 그런데 강남 한복판에서 다른 여자와 팔짱을 낀 너를 보았다고 내 친한 친구가 알려주더라. 너는 끝까지 거짓말을 하며 잘못을 인정하지 않았어. 그리고 지난 생일, 내가 미역국을 끓여줬을 때 한 숟갈 뜨고는 계속 계란 프라이만 집어먹었지? 지난주에는 내가 보고 싶었던 영화를 함께 보러 가자고 하니까 "혼자 가면 안 돼? 나는 영화 안 좋아하는데" 하면서 나를 이상한 사람 취급했어. 나는 이제 네가 싫어. 더 이상 앞으로 만나지 말자.

이 글에서 현수는 무엇을 잘못했을까? 현수는 어떻게 해야 헤어지자고 말하는 여자친구의 마음을 다시 잡을 수 있을까? 이 글을 읽은 사람들의 반응은 제각각일 것이다. 영화를 같이 보러 안 갔으니까, 정성을 들인 미역국을 맛있게 먹지 않았으니까, 다른 여자를 만났으니까, 거짓말을 했으니까, 이렇게 현수와 헤어지려는 이유를 구구절절 써놓았지만 독자 입장에서는 좀 산만하게 와닿는다. 그만큼 문제를 해석하는 시각도 독자마다 다를 것이다.

이번에는 현수 입장에서 어떻게 사과할지 생각해보자. 다음부터는 미역국이든 뭐든 다 잘 먹겠다 하면 풀어질까? 아니면 오늘이라도 당장 그 영화를 보러 가자고 하면 될까? 해결 방법도 문제 원인만큼이나 다양한 의견이 나올 수 있다.

현수야, 나는 이제 너와 헤어지고 싶어.
첫째, 너는 나한테 거짓말을 했어.
둘째, 너는 내 정성을 무시했어.
셋째, 너는 나와 시간을 함께하려는 마음이 없어.
잘 지내.

이 글은 어떤가? 현수가 무엇을 잘못했는지 명확히 드러나 있어 여자친구에게 어떻게 사과해야 하는지 해결책이 쉽게 도출된다. 미역국이나 영화 같은 단서는 그저 주장을 뒷받침하는 자료일 뿐이다. 대세에 영향을 주는 핵심 메시지는 아니다.

이 과정을 보면서 깨달았겠지만, 쓰는 사람의 마음과 읽는 사람의 마음이 같지 않다. 쓰는 사람은 자기의 감정과 그 감정이 생기기까지의 과정을 설명하지 않으면 읽는 사람이 이해하지 못할 것이라 생각했을 것이다. 하지만 읽는 사람은 오히려 장황한 설명 때문에 본질을 제대로 보지 못한다. 핵심 메시지를 엉뚱하게 파악하게 되고 문제 해결의 단서를 아예 다른 것으로 인식할 수 있다.

따라서 쓰는 사람은 자기가 전달하고자 하는 메시지를 정확하게 전달해야 한다. 그래야 상대방이 적절하게 반응할 수 있다. 글을 쓰는 사람이 전하고자 하는 메시지가 무엇인지, 글을 통해 독자가 어떤 행동을 취하기를 원하는지 구체적으로 밝히지 않으면 독자는 혼란스럽다.

보고서든 홍보글이든 독자의 판단과 결정에 도움이 되지 않는 이야기는 과감히 빼도록 하자. 그래야 곁가지가 사라지고 뿌리를 제대로 볼 수 있다. 우리가 핵심 메시지인지 곁가지인지를 구분하는 기준은 그것이 본질적인 이야기인지, 아니면 본질적인 이야기를 뒷받침하기 위한 사실 자료인지 생각해보는 것이다. 내가 전하는 이야기 속에 독자가 꼭 알아야 하는 사실 관계를 가리는 것은 없는지 다시 한번 되짚어보자.

정곡을 찌르는 답을 하라

나무는 왜 쓰러졌을까

몇 달 새 서울 시내 가로수가 이유도 없이 쓰러지는 일이 일어났다. 가로수는 쓰러지면서 차를 덮치고 사람을 덮쳤다. 물질적 피해는 물론이고 사람까지 다치면서 불안감이 커지고 있었다. 누군가 '묻지마' 범죄를 벌이고 있는 것은 아닌지 의혹이 제기되었고, 언론은 누구의 소행인지 범인을 찾는 데 집중했다. 또 우리 사회가 늘 그렇듯 가로수를 제대로 관리하지 못한 관리자에게 책임을 물어야 한다는 목소리도 나오고 있었다.

하지만 엉뚱하게도 범인은 가로수였다. 서울 시내 심어둔 가로수의 수명이 다했던 것이다. 뿌리가 이미 수명을 다해 겉으로는 멀쩡해 보였지만 몸통을 지지하지 못하자 어느 날 갑자기 쓰러져버렸다. 그리고 하필 그 자리에 사람과 차가 있었던 것이다. 그렇게 서울 시내 가로수 해프닝은 끝이 났다. 어쩌면 싱거운 이야기일 수 있지만, 이 상황을 지켜보면서 나는 '문제'와 '원인'을 분석하고 그에 따라 문제를 해결하는 것이 얼마나 중요한지 생각하게 되었다.

문제와 원인이라는 개념은 나무로 비유하면 이해하기 쉽다. 문제는 겉으로 보이는 상황이다. 나무로 치면 잎이나 줄기, 열매 같은 것이다. 반면 원인은 뿌리로 볼 수 있다. '뿌리를 뽑아야 한다'는 말을 생각하면 된다. 뿌리가 건강하지 않은 상태에서 과연 건강한 열매가 열릴 수 있을까? 앞서 든 예시처럼 뿌리가 상하면 지금 문제가 드러나지 않더라도 언젠가는 문제가 일어난다. 결국 뿌리에 생긴 병을 치료하지 않으면 백날 농약을 치고 영양제를 줘도 잎이나 열매가 살아나지 않는다.

우리가 마주하게 되는 상황도 마찬가지다. 문제가 있고 원인이 있는데 우리는 생각보다 이 두 단어와 개념을 혼용한다. 실제 문제라고 지적하지만 원인인 경우도 많고, 원인이라는 뜻으로 문제라는 단어를 사용하기도 한다. '이게 문제야'라는 말에서도 알 수 있다.

A씨가 오랜만에 동창회에 나가 술 한잔한 뒤 차를 운전해 집으로 갔

다고 하자. 집에 가는 도중 갑자기 폭설이 내렸고, 길이 미끄러워 조심히 가는데 도로의 움푹 팬 구덩이를 피하려다 결국 사고를 당하고 말았다.

여기서 문제는 무엇이었을까? 강의 중에 내가 이 문제를 내고 들었던 가장 재미있는 답은 'A씨가 태어난 게 문제'였다. 요즘 이 질문을 하면 대부분의 사람이 '술을 한잔하고 차를 운전했다는 것'을 답으로 꼽는다. 몇 해 전만 하더라도 '도로의 움푹 팬 구덩이'를 문제라고 말하는 사람이 꽤 많았다. 정답은 '사고가 났다'이다. 겉으로 드러난 형상, 그것을 우리는 문제라고 인식해야 한다. 하지만 지금 예시에서도 알 수 있는 것처럼 하나하나의 원인을 문제로 인식하고 말한다.

여기서 중요한 이슈는 그 문제가 결코 합리적이거나 좋은 대안을 가져다주지 않는다는 것이다. 반복해 말하지만 사람은 자기가 보고 싶은 것만 보게 되는데, 그 문제가 여기서도 드러났다. 예를 들어 몇 해 전 싱크홀 문제가 한창일 때는 사람들이 '싱크홀' 이슈에 집중되어 있다 보니 위 문제의 원인을 모두 '싱크홀'이라고 인식했다. 하지만 해가 지나고 최근에는 다들 '음주운전'을 원인으로 본다.

그저 해만 바뀌었을 뿐인데, 동일한 상황에 대한 문제의식이 달라진 것이다. 이러한 문제의식은 잘못됐다. 문제는 사고가 난 것이고, 사고가 나기까지의 원인으로 '싱크홀', '음주운전', '빙판길', '미숙한 운전 실력' 등이 존재한다. 이 모든 가능성이 없어져야만 우리는 이 교통사고에서 완벽하게 벗어날 수 있다.

결국 문제가 없어지려면 원인을 제거해야 한다. 원인이 제거되지 않으면 문제는 사라지지 않는다. 또 원인 여러 개가 문제 하나를 야기할 수 있다. 나무에 뿌리가 여러 개인 것과 비슷하다. 즉 문제는 하나더라도 원인은 여러 개일 수 있다. 다시 말해 어떤 문제가 일어났다고 가정했을 때 원인 하나를 잡는다고 모든 문제가 해결되지 않는다. 물론 단 하나라도 원인이 제거되면 이 문제가 일어날 가능성이 줄어들 것이다. 하지만 이 모든 문제를 하나하나 없애지 않으면 문제는 계속해서 반복된다. 그것이 바로 원인과 문제의 속성이다.
이것을 인식하고 있어야 한다. 그래야 내가, 혹은 내가 가진 서비스나 제품이 독자가 지닌 문제의 원인을 제거하고 거기에서 벗어나게 해줄 수 있다는 메시지를 더욱 강력하게 전달할 수 있다.

대기업, 중소기업, 공공 기관, 1인 기업…. 나는 이 모든 기업에서 일하는 사람들을 대상으로 강의를 진행한다. 놀랍게도 그들의 문제는 같다. 회사가 늘 예산이 없고 인력이 부족하다는 점이다. 어떤 문제 상황이든 그들이 내놓는 답은 하나같이 예산과 인력 보충으로 귀결된다. 하지만 안타까운 점은 대표가 이왕이면 '돈이 들지 않는 것'을 문제 해결 대안으로 원한다는 것이다. 물론 대표도 안다. 돈을 투자하고 인력을 보충하면 어쩌면 당장 앞에 닥친 문제는 해결될 수 있다는 것을. 하지만 당장은 예산을 더 투입하기도 어렵고 사람을 더 뽑기도 어렵다. 게다가 그런 대안은 근본적인 문제를 해결하지 못한다.

그래서 우리는 보고서를 쓰고 제안서를 작성한다. 늘 보고하는 이유도 바로 여기에 있다. 회사 밖의 상황도 크게 다르지 않다. 회사 밖은 늘 문제가 많다. 개인의 문제든 집단의 문제든 산적해 있다. 그래서 많은 서비스와 제품이 탄생한다. 우리는 그 서비스와 제품이 우리가 살면서 느끼는 문제를 해결해줄 수 있는 도구가 될 것이라 '홍보'하기 위해 또 글을 쓰고 있다. 세상에서 문제가 없어지는 날은 지구 종말의 날로 봐도 무방할 것이다. 하지만 우리가 만날 회사 밖 고객(독자) 역시 돈이 충분하지 않다. 늘 제품이 돈보다 많다. 게다가 돈은 한정된 자원이다. 사람들은 적절한 수준의 대가를 지불하고 문제를 해결하고 싶어 한다. 나도, 이 글을 읽고 있는 여러분도 마찬가지일 것이다.

그런데 우리가 문제를 해결하기 위해 글을 쓸 때는 이 마음을 잠시 내려놓게 된다. 나 역시 마찬가지다. 나도 모르게 예산 증액과 인원 보충을 요청하고 있다. 그것이 가장 쉬운 해결책처럼 보이기 때문이다. 하지만 그것은 우리의 독자가 원하는 답이 아니다.

한 기관의 수영장에서 익사 사고가 발생했다. 이 사고의 재발 방지 대책을 마련하시오.

가장 쉬운 답. 수영장 문을 닫으면 된다. 하지만 그럴 수 없다. 모든 비즈니스는 수익 창출이 목적이므로 최대한 리스크를 줄여야 한다. 손해 정도가 적어야 하는데, 이 대안은 그렇지 않다. 또 다른 쉬운 답이면서 우리 모두가 한 번쯤 머릿속에 생각해본 적이 있는 답, 바로 안전요원 배치다. 하지만 잘 생각해보면 안전요원이 없어서 사고가 난 것은 아니다. 그저 어딘가에 탓을 돌리고 싶은 마음에 나온 대책 중 하나다. 이 상황에 대한 적절한 대안을 마련하려면 수영장이라는 공간적 특성과 수영 강습생의 특징을 파악해야 한다.

수영장은 의사소통이 쉽지 않다. 제아무리 좋은 방송 시스템을 갖췄다 하더라도 수영장 내 울림 때문에 제대로 소리가 전달되지 않는다. 물을 빼고 넣는 것도 쉽지 않다. 시간도 오래 걸릴뿐더러 비용도 만만치 않기 때문이다. 사람의 특징을 살펴보면 남녀노소 누구나 물속에서는 어린아이가 된다. 위험천만한 도전이 자주 일어난다. 초급반인 사람도, 중급반인 사람도 모두 깊은 물에 들어가고 싶어 한다. 하지만 안전요원이 일대일로 붙지 않는 이상 위험한 행위를 제지하기 어렵다. 이런 상황에서 어떻게 하면 익사 사고의 재발을 막을 수 있을까?

통제 요인, 즉 원인 중 하나로 뽑은 것이 바로 수강생 대부분이 깊은 물에 들어가고 싶어 하는 심리가 있는데, 그 심리를 안전요원이 일일이 통제할 수가 없다는 것이었다. 그래서 나온 대책 중 하나가 바로 수영 모자였다. 접수를 받을 때 수강할 반에 따라서 수영 모자 색을 지정해주는 것이다. 그러면 일단 기관 입장에서는 돈이 안 들어서 좋고, 안전요원 입장에서는 수강생이 어떤 반 소속인지 알아보기가 쉬워져 안전관리가 수월해진다. 수강생 스스로도 제약이 발생하기 때문에 자기 행동을 통제하는 효과도 생긴다.

조직 내 문제를 해결하라거나 문제점을 분석해 대안을 마련하라는 과제를 받으면 머릿속이 하얗게 된다. 나 역시도 그랬고 지금도 그렇다.

하지만 피상적으로 문제를 바라보지 말고 원인이 무엇인지 확인한 다음 그 원인을 제거하는 것을 목표로 삼으면 실현 가능한 대안이 탄생하게 된다.

정곡은 피상적 문제에 있지 않다. 문제 뒤에, 문제를 일으키는 원인을 찾아내는 것에서부터 시작된다. 그래야 내가 쓰는 글이 문제를 해결할 수 있는 중요한 단서가 될 수 있다.

4장

칼퇴를 이끄는
글쓰기의 비밀

비즈니스 글의 특성을 이해하면 단순하다

비즈니스 글은 이타적이어야 한다

모든 비즈니스 글은 남을 위해 쓴다. 독자가 글을 읽고 문제를 해결하도록 돕는 단서를 제공하는 데 그 목적이 있다. 따라서 문학과 달리 비즈니스 글은 매우 이타적이다. 나보다는 독자를 생각해야 좋은 글을 쓸 수 있다. 내가 알리고 싶은 것보다 독자가 알고 싶은 것이 무엇일지 고민하는 것에서부터 비즈니스 글쓰기가 시작된다.

한 회사 연수원에 화재가 발생했다고 하자. 이 상황에서 연수원장은 무엇이 궁금할까? 어떤 내용의 보고를 받고 싶어 할까? 소방관이나 경찰관은 무엇이 궁금할까? 나에게서 어떤 정보를 얻고 싶어 할까?

답을 찾았는가? 연수원장의 입장이 되어보자. 지금 이 교육 공간에 불이 났다면 무엇이 제일 궁금할까? 물론 연수생이 얼마나 다쳤는지, 어쩌다 그랬는지, 누가 그랬는지, 재산 피해는 얼마나 났는지 궁금할 것이다. 그렇지만 더 궁금한 정보가 있다.

- 이후 그 장소에서 교육 일정은 없는지?
- 있다면 일정을 어떻게 조정할 것인지?
- 그 공간을 복구하는 데 시간과 비용이 얼마나 들지?
- 만약 부상자나 사망자가 있다면 피해 보상은 어떻게 진행하면 되는지?

바로 이 내용이다. 물론 당연히 사건의 경위도 중요하겠지만, 기관을 책임지는 입장에서 생각해보면 이 공간을 차질 없이 운영하기 위한 수습 대책도 매우 중요한 이슈일 것이다. 하지만 우리는 대부분 그 내용을 빼먹는다. 뉴스에 익숙해져 있기 때문이다. 사실관계를 밝히는 데서 끝난다.

이번에는 경찰관과 소방관 입장이 되어보자. 그들은 무엇이 궁금할까? 그들이 가장 중요하게 생각하는 핵심은 무엇일까?

- 왜 사고가 일어났는지?
- 재산 피해는 얼마나 났는지?
- 인명 피해는 없었는지?

맞는가? 아니다. 틀렸다. 이 세 가지 내용은 목격자 진술과 세부 조사를 통해 경찰관과 소방관이 각각 알아내야 할 내용이다. 우리가 제공해야 할 정보가 아니다. 이 질문에서 가장 많이 나오는 오답이다. 그렇다면 뭐가 중요할까? 바로 목격자 진술과 책임 소재다. 누가 처음 목격했는지, 당시 상황이 어땠는지가 가장 중요한 초기 정보다. 이후에는 누가 책임질지, 우리가 이제부터 이 사고를 조사할 때 누구랑 접촉하면 되는지만 알려주면 된다. 사고에 대한 나머지 조사는 그들의 전문 영역이다. 그들에게 맡기면 된다.

같은 상황을 두고도 독자가 달라지면 대답해줘야 하는 내용이 이렇게 달라진다. 이것이 비즈니스 글의 특징이다. 상대가 어떤 정보를 얻고 싶어 하는지 파악하기 위해 철저하게 독자 입장에서 생각해보는 연습이 반드시 필요한 이유다. 내가 중요하다고 생각하는 것이 아닌 그들이 필요로 하는 것, 그들의 의사 결정에 도움이 될 수 있는 단서를 그들의 언어로 표현해주는 것이 비즈니스 글의 목표이자 존재 이유라는 점을 잊지 말자.

또 다른 예를 살펴보자. 주간 보고서를 작성할 때는 통상 월요일에는 뭘 했고, 화요일에는 뭘 했는지를 적는다. 시간 순에 따라 자신이 한 일을 기록하는 것이다. 하지만 이 보고를 받아들 독자, 즉 상사 입장에서 생각해보면 매우 잘못되었다. 상사는 왜 주간 보고를 받을까? 매일 무엇을 했는지 감시하는 목적도 있을 것이다. 하지만 주간에 어떤 업무가 가장 이슈였는지, 그 이슈를 어떻게 해결해가고 있는지 그 내용과 결과가 더 중요할 것이다. 영업에 대한 주간 보고라면 영업 실적이 중요하고, 행사 개최에 대한 보고라면 행사 진행 내용이나 준비 상황이 중요하다.

따라서 비즈니스 글은 어느 정도의 고민이 필요하다. 창의성을 일으키는 고민이 아니라 상대 독자를 파악하는 고민의 시간이 필요한 것이다. 내 입장에서 그저 액면 그대로 받아들이고 쓸 것이 아니라 이 글을 요청한 독자가 도대체 왜 나에게 이 글을 쓰라고 했는지, 그 이면의 목적성을 파악해볼 필요가 있다.

비즈니스 글은 작품이 아니다

글은 크게 문학적인 글과 실용적인 글로 나뉜다. 시나 소설, 수필과 같이 독자에게 감동과 재미를 주기 위해 쓰는 글이 문학적인 글이고,

그 밖의 대부분의 글은 실용적인 글이다. 둘의 가장 큰 차이는 '창의성' 여부와 전개 방법이다. 하지만 우리는 글쓰기를 잘하고 싶은 마음이 앞서 두 장르의 차이점을 인식하지 못하고 무분별하게 글쓰기 연습을 한다. 두 분야의 글쓰기는 원칙과 방식이 다름에도 혼동하는 것이다. 그 생각이 결국 비즈니스 글쓰기를 어렵게 하고 복잡하게 만든다.

문학은 상상력과 창의력이 발휘되어야만 독자의 시선을 끌 수 있다. 처음부터 끝까지 이야기가 흥미진진하게 이어져야 마지막까지 읽히는 글이 완성된다. 앞서 언급했지만, 문학은 일반적으로 기승전결의 구성을 따른다. 창의성이 가미되기 때문에 얼마든지 독자를 처음부터 끝까지 끌고 갈 힘이 있다. 그러기에 결론이 맨 마지막에 나와도 괜찮다. 독자가 결론을 보기 위해 글을 읽기도 하지만, 결론으로 가는 과정이 흥미롭기 때문에 글을 읽기도 하니까.

반면 비즈니스 글은 다르다. 비즈니스 글은 창의적이지 않다. 답은 정해져 있고 변화 폭도 넓지 않다. 90% 이상은 결론이 먼저 나오는 두괄식 전개를 사용한다. 비즈니스 관계에서는 아무리 재미있는 주제라 할지라도 결론이 맨 마지막에 나오지 않는다. 기승전결의 구성이 통하지 않는다. 글을 인내심을 가지고 읽을 수 있는 사람이 많지 않기 때문이다.

시나 소설은 개인의 성취를 위해 쓰기도 한다. 누가 읽어주지 않아도 개의치 않는 작가도 있다. 어떤 목적성이 명확하게 들어 있지 않다. 소설을 통해 메시지를 던지고 싶어 하면서도 실제 그 메시지를 어떻게 해석하는지 작가는 관여하지 않는다. 독자의 반응은 독자의 몫이라 생각하기 때문이다. 하지만 비즈니스 글은 독자의 언어로 독자가 알고 싶은 내용을 전달하는 데 목적이 있다. 당연히 독자가 읽어주지 않으면 글의 존재 가치가 사라진다. 또 비즈니스 글은 독자 마음대로 해석하도록 작성하면 안 된다. 전달해야 할 메시지가 제대로 전달되지 않으면 독자는 문제를 해결하고 사안을 결정할 수 없다.

이렇게 비즈니스 글은 우리가 흔히 이야기하는 작품과는 결 자체가 다르다. 써야 할 내용이 정해져 있고, 쓸 수 있는 내용도 한계가 있다. 이 차이를 인식할 때 비즈니스 글쓰기에 필요 없는 요소들이 사라진다. 소설가처럼 수려한 글솜씨를 뽐내야 한다는 부담감도, 기승전결의 스토리를 짜야 한다는 걱정도 사라진다. 우리는 김훈이 될 필요도 없고, 김영하가 될 필요도 없다. 쓸데없는 욕심일 뿐이다. 그것을 내려놓아야 비즈니스 글이 비로소 단순해진다.

앞서 비즈니스 글의 특성을 쭉 설명했다. 비즈니스 글은 자신을 드러내는 글이 아니라 남을 위해 쓰는 글이고, 따라서 우리의 개인적 생각보다는 상대가 알고 싶어 하는 정보가 무엇인지 파악해서 잘 보여주는 것이 가장 중요하다는 결론에 이르렀다. 문학적 감수성도, 뛰어난 문장력도 필요치 않다는 사실도 알게 되었다.

이런 면에서 비즈니스 글을 잘 쓴다는 것은 정리를 잘한다는 말에 가깝다. 정리의 맥락도 크게 두 가지 정도로 나뉜다.

하나는 독자의 머릿속에 있지 않은 사실 관계를 알아듣기 쉽게 정리해 보여주는 것이다. 대개 설득을 목적으로 하는 글로 기획서, 제안서, 기안문 등이 있다. 여기서는 독자가 왜 이 내용에 관심을 가져야 하는지 객관적 사실에 의거해 설명하는 것이 관건이다. 객관적 자료를 얼마나 잘 수집해 정리하는지가 이 분야의 고수와 하수를 가르는 기준이 된다. 이후에는 그래서 내가 하고자 하는 것이 무엇인지, 앞으로 어떻게 할 것인지 설명하기만 하면 된다.

또 다른 하나는 독자의 머릿속에 있는 여러 데이터와 지식, 아이디어를 독자에게 보기 좋게 정리해 보여주는 것이다. 대개 정보 전달을 목적으로 쓰는 글로는 이메일, 보고서, 공문, 회의록, 보도자료 등이 있다. 이 글을 읽고 '그래서 무슨 이야기가 하고 싶은 거야?'라는 느낌만 들지 않으면 된다. 핵심 메시지를 정리하는 것이 관건이다. 핵심을 쉽고 정확하게 말로 표현하면 80%는 성공이다.

이쯤 되면 묻고 싶을 것이다. 정리한다는 것은 내용을 선별해 적게 쓴다는 것인데, 그러면 독자의 이해도가 떨어지지 않을까?

독자의 이해도를 높이기 위해 뭘 더 쓸까를 생각하기보다는 뭘 더 빼서 핵심이 잘 드러나도록 할지 고민하는 것이 우선이다. 비즈니스 글은 살이 많으면 많을수록 나쁜 글이 된다. 뼈대가 드러나야 메시지 전달이 쉬워진다는 사실을 기억하자. 비즈니스 글은 '심플'이 생명이다.

비즈니스 글은 쉬워야 한다

쉬운 글 쓰는 것이 말처럼 쉬운가

좋은 글의 조건으로 가장 자주 뽑히는 것이 바로 쉬운 글이다. 하지만 쉬운 글 쓰는 것이 말처럼 쉽지 않다. 나는 쉬운데 남은 어렵다 하고, 남은 쉬운데 나에게는 어려운 일이 종종 발생한다. 다시 말해 쉬운 글이라는 기준이 명확하지 않다. 정도가 정해져 있지 않고, 사람이나 상황에 따라서 그 기준이 달라진다. 그래서 쓰는 입장에서는 쉬운 글을 쓰는 것보다 어려운 일은 없다.

"공부가 가장 쉬웠어요"라는 말을 처음 들었을 때 나는 초등학생쯤 되었던 것 같다. 전혀 이해하지 못했다. 세상에 공부처럼 어려운 게 어디 있다고….

하지만 나는 시간이 흐르고 석사 과정을 거치며 깨달았다. 정말 공부가 가장 쉬웠다. 일도 내 마음대로 안 되고 육아도, 살림도 내 마음대로 되는 것이 하나도 없었다. 1을 넣으면 1이 나오는 게 아니라 0.3이 나왔다. 하지만 공부는 하는 족족 성적으로 결과가 도출되었다. 열심히 하면 한 만큼 정직하게 결과가 나타났다. 그제야 '공부가 가장 쉬웠다'는 말을 이해할 수 있었다.

쉽게 써야 한다는 것을 알면서도 왜 글을 어렵게 쓰는지 이제 이해되는가? 사람은 누구나 자기중심적이다. 자기가 처한 상황에 따라 기준이 바뀐다. 또 내가 알고 있는 것은 누구나 다 알고 있을 것이라고 착각한다. 따라서 글을 쉽게 쓰는 일이 어려울 수밖에 없다. 하다못해 우리 아이가 한글을 처음 배울 때 나는 '쉽다'의 기준을 도대체 어디까지 내려야 하는지 몰랐다. '가방'이라 쓰고 '가방'으로 읽으면서 가르쳐줬더니 아이 입에서 '왜?'라는 대답이 터져나왔다. 다시 'ㄱ'과 'ㅏ'가 합쳐지면 '가', 'ㅂ'과 'ㅏ'와 'ㅇ'이 합쳐지면 '방'이 된다고 친절하게 설명했지만 역시나 아이의 입에서는 '왜?'가 나오고 있었다. 미치고 환장할 노릇이었다. 더 이상 어떻게 설명해야 하는가. 나에게 이 글자가 이렇게 읽히는 것은 마치 숨을 쉬는 것처럼 당연한 일인데, 왜 이 아이는 나에게 계속 '왜'를 날리고 있는 것인가. 정신이 혼미해졌다.

어떤 사실이나 정보를 처음 접하는 사람에게는 모든 것이 '당연'하게 받아들여지지 않는다. 그래서 쉬운 글이냐 어려운 글이냐는 쓰는 우리가 결정하는 것이 아니라 독자가 결정한다.

그는 왜 자꾸 '다시'와 '다음에'를 말하는가

처음 발령을 받은 상사는 과연 나만큼 이 업무를 파악하고 있을까? 공공 기관의 기관장으로 부임하면 업무 보고 절차를 통해 기관 운영에 필요한 지식을 습득한다.

하지만 그들 입장에서 생각해보면 아무리 업무 보고를 받았다 하더라도 내용을 100% 이해하기는 쉽지 않다. 게다가 업무 보고는 굉장히 제한적으로 구성되기 때문에 내용이 깊지 않다. 업무의 맥을 잡기 위한 것이지, 전반적인 내용을 디테일하게 파악하기 위해 마련된 시간이 아니다. 당연히 실무자 입장에서 알고 있는 것과는 차원이 다르다. 몇 년씩 그 자리에서 같은 업무를 일관성 있게 계속 진행한 사람과 이제 막 그 자리에 앉은 사람이 동일한 수준으로 내용을 파악하고 있을 리 만무하다.

상사가 있는 공간에서 일어나는 일을 상상해보자. 그에게는 물론 어느 정도 전문적 지식이 있지만 이 조직 내에서 일어나는 일을 100% 다 알고 있지는 못하다. 어쩌면 감을 잡는 데 적어도 2~3개월은 걸릴 것이다. 이런 상황에서 OO실장이 보고서를 들고 왔다. 그런데 보고 내용이 정확하게 이해되지 않고, 여기서 사인하는 것이 꽤 큰 파장을 가져올 것이라면 그는 결제 란에 사인할 수 있을까? 의사 결정과 선택이 쉬울까? 아마 그렇지 않을 것이다. 결국 그는 OO실장에게 '두고 나가세요'라고 말한다. 선택하고 결정하는 시간을 미루기 위해서다.

누구나 자신이 모르는 일을 책임지는 것에 부담을 느낀다. 더구나 그 내용을 정확하게 파악하기도 어렵고, 심지어 지위 특성상 잘 모른다고 솔직하게 이야기하기도 힘들다. 그래서 나오는 이야기가 '다시' 혹은 '다음에'로 귀결된다.

우리는 통상 보고서를 쓰면서 상사가 만능이고 충분한 지식과 능력을 갖추고 있을 것이라 착각한다. 하지만 잘 생각해보면 오늘의 내가 그저 나이가 더 들고 경력이 쌓이면서 그 자리에 가는 것이다. 아무리 상사라도 전지전능할 수 없고, 회사의 모든 것을 일거수일투족 다 꿰뚫어보고 있지는 못하다. '저 사람이 알고 있겠지' 하는 마음으로 쓴 보고서는 상사의 결정을 늦추고 문제 해결의 단서를 제공하지 못할 가능성이 높다.

회사 밖에서도 마찬가지다. 소비자든 고객이든 누구나 논문처럼 어려운 이야기는 읽기 싫어하고, 자신이 모르는 분야를 새롭게 개척해 알아가는 것에 거부감을 느낀다. 정도의 차이만 존재할 뿐이다.

실컷 설명하고 설득해도 마지막까지 그가 '다음에', '다시'를 이야기하며 결정을 늦춘다면 제대로 내용을 이해하지 못했을 가능성이 높다. '다시'라고 말한다고 조금 전 보여준 글을 다시 보여주는 실수를 하지 말자. 조금 더 알아듣기 쉽게, 눈높이에 맞춰서 설명하는 방법이 무엇일지 고민하는 것이 빠르다.

『마케팅이다』에서 세스 고딘도 이 부분에 대해 많은 사람이 실수하고 있다고 지적한다. 우리가 아는 것처럼 독자 역시 나와 비슷하고, 내가 아는 것을 알며, 내가 원하는 것을 원한다는 가정은 틀렸다는 것이다.

"장복에서는 그런 일이 자주 있어요."
"파라펫 공사도 상도, 중도, 하도 공사 순서가 똑같이 들어가야 해요."

알아듣겠는가? 물론 해당 분야의 사람은 이 말을 이해할 것이다. 하지만 대다수는 모를 것이다. '장복'은 오래 먹는다는 말이 아니라 장애인복지관의 줄임말이다. 파라펫은 옥상 일부 구조물을 가리키고, 상도,

중도, 하도는 방수 공사를 할 때 용액을 바르는 순서에 따라 붙여진 이름이다. 내가 있는 자리에서 자주 쓰는 용어는 나에게는 익숙하지만, 이 자리를 떠나면 내가 쓰는 단어는 '당연히 아는 단어'가 아니다.

그들은 우리가 생각하는 만큼 정보를 알지 못한다는 것을 인정해야 좋은 글을 쓸 수 있다.

맞춤법이 중요한 이유

얼마 전 외할머니가 돌아가셔서 절에 모시게 되었다. 절에서 하는 의식에 참석한 나는 더없이 지루한 시간을 보냈다. 좋은 곳으로 가시라 빌어주는 시간이고, 그렇기에 매우 특별하고 의미 있는 시간이라는 것을 알고 있었지만 민망할 정도로 나는 집중하지 못했다.

3시간 정도 이어진 의식은 내게는 그저 내내 알아들을 수 없는 '외계어' 잔치에 가까웠다. 불경을 바라보면서 '한글로 번역해놓을 수는 없나'라고 생각했다. 말이 통하지 않으니 의미 있는 시간이 내게는 그저 빨리 지나가면 좋을 시간으로 전락해버린 것이다.

정보와 사실을 전달하는 비즈니스 글은 독자와의 소통이 필수다. 아무리 좋은 정보나 사실이라도 상대방이 내 말을 알아들을 수 없다면 그림의 떡이다. 내가 외할머니 49제를 치르며 느낀 것과 동일하다.

우리는 서로가 공통으로 사용하는 언어를 제대로 사용하는 것에 관심을 가져야 한다. 우리가 쓰는 문서의 기본은 한글이며 맞춤법을 지켜야 한다는 것이 사회적 약속이다. 그 약속을 깨트리면 소통에 문제가 생긴다. 의미 전달이 어려워지고 정보 전달에 오류가 발생한다.

따라서 글쓰기에서 빼놓을 수 없는 것이 바로 맞춤법이다. 요즘 한글이나 워드 프로그램 등이 맞춤법 오류를 어느 정도 잡아주지만, 그럼에도 기본적인 맞춤법은 알고 있어야 한다. 본인이 자주 틀리는 맞춤법이 있을 것이다. 이를 스스로 인식하고 있는 것과 그렇지 않은 것은 큰 차이를 불러온다. 평소 관심을 가지고 바로잡도록 하자.

오탈자 저주에서 탈출하는 법

맞춤법을 지키지 못한 실수는 생각보다 파장이 크다. 물론 오탈자 정도는 개떡같이 말해도 찰떡같이 알아듣겠지만 비즈니스 관계에서 신뢰는 이미 무너져 있을 것이다.

3014년 6월 12일, OO도는 도민을 대상으로

2014년 6월 12일에 내가 받았던 어느 보도자료의 첫 줄이다. 나는 이 첫 줄을 읽고 나머지 내용을 읽지 않은 채 바로 문서 닫기 버튼을 눌렀다. 신뢰할 수 없었다. 어쩌면 그 담당자가 이 사실을 알면 '아니 지금 2014년인 걸 누가 몰라? 대세에 지장 없잖아'라고 생각할 수도 있다. 하지만 독자 입장에서 생각해보면 오탈자가 발견되는 순간 이후 내용을 신뢰할 수 없게 된다. 예산 집행과 관련된 내용이었으니 더욱 그랬다. 숫자 하나의 실수가 그간 문서 작성에 들인 공을 한번에 날려버린 것이다.

우리가 업무하다 보면 이런 일을 자주 겪는다. 분명히 본다고 봤는데, 하필 오탈자가 상사 눈에 띄어 난감했던 경험, 아마 누구나 한 번쯤 겪었을 것이다. 하지만 오탈자 지적을 받으면 내심 '그냥 좀 넘어가주면 안 되나?' 하는 불만 섞인 생각도 드는 것이 사실이다. 하지만 보고 중 오탈자가 발견되면 보통은 생각보다 강한 질책을 받게 된다.

따라서 어떻게 하면 오탈자를 잡아낼 것인지를 두고 많은 사람이 여러 방법을 내놓는다. 가장 널리 알려진 것이 '다 같이 한번 돌려 읽기'와 '옆 사람에게 검토 부탁하기'다. 여기서 우리가 잊어서는 안 될 것이 있다. 오탈자는 이상하게도 친한 사이, 아는 사이에서는 잘 안 보인다.

'친하지 않은 독자' 눈에만 보인다. 사이가 나쁠수록, 거리가 멀수록 더 잘 보인다. 우리가 기사를 볼 때 유난히 오탈자를 잘 발견하는 이유기도 하다. 기자와 아무 관계가 없고, 심지어 친하지도 않은 사이니 쉽게 발견한다. 그래서 내가 선택한 방법은 바로 '소리 내어 읽기'다.

캠릿브지 대학의 연결구과에 따르면, 한 단어 안에서 글자가 어떤 순서로 배되열어 있는가 하것는은 중하요지 않고, 첫째번와 마지막 글자가 올바른 위치에 있것는이 중하요다고 한다. 나머지 글들자은 완전히 엉진창망의 순서로 되어 있지을라도 당신은 아무 문없제이 이것을 읽을 수 있다. 왜하냐면 인간의 두뇌는 모든 글자를 하나 하나 읽것는이 아니라 단어 하나를 전체로 인하식기 때이문다.

한때 인터넷에서 '번역기를 통과하지 못하는 한글'로 인기를 끌었던 글이다. 우리는 '캠릿브지'라는 단어를 자연스럽게 캠브릿지(국립국어원 외래어 표기법에 따르면 '케임브리지')로 읽고, '연결구과'를 연구결과로 읽어 내려간다. 인용문에도 나와 있듯 단어 하나를 전체로 인식하기 때문이다. 글자를 하나하나 자세히 들여다봐야 뭔가 잘못되었음을 눈치채게 된다.

이번에는 소리 내어 한번 읽어보자. 읽으려 하는 순간 '캠릿브지'에서부터 막힐 것이다. 소리를 낸다는 것은 내 귀가 첫 번째 독자가 된다는 뜻이다. 바로 객관성이 생기고 상황을 판단할 수 있는 틀이 생긴다. 따라서 눈으로 보는 것보다 훨씬 더 빠르게 오탈자를 잡아낼 수 있다.

퇴고할 때 소리 내어 읽어야 하는 이유다. 옆 사람에게 돌려 읽히고, 온 팀이 붙어서 교정을 보는 것보다 효율적인 방법이면서 효과도 뛰어난 스킬이다. 오늘 당장 보고해야 할 중요 문서가 있거나 바깥에 공개될 글이 있다면 다시 한번 소리 내어 읽어보자. 지금까지 고생해온 당신의 작품이 빛날 수 있도록 마지막으로 거치는 관문이다.

설득과 제안 시 '2W1H'를 채우자

엄마의 잔소리, 교장 선생님의 훈화, 주례 선생님의 축사. 이것들의 공통점은 무엇일까?

① 길다.
② 전달할 내용이 많다.
③ 딴생각을 하게 만든다.

마지막 한 가지는 그들이 쏟아낸 이야기들을 하나씩 떼어놓고 보면 버릴 것이 하나도 없다는 사실이다. 문제는 좋은 이야기들이 합쳐짐으로써 생겨난다. 결론에 도달하기까지 '핵심 메시지'를 가리는 수많은 장애물이 존재하기에 무슨 이야기를 하고 싶은지가 명확하지 않다. 그들은 삶 속에서 얻은 지혜를 나눔으로써 듣는 이로 하여금 행동을 개선하도록 이야기한 것이다. 설득을 통해 행동에 변화를 주고자 한다. 하지만 설명이 장황하면서 불분명하고, 때로 현란한 수식어도 붙어 있다. 결국 그들이 목이 쉬도록 한 이야기는 상대에게 가 닿지 못한다. 아무 행동 유발도 기대할 수 없다. 설득에 실패했으니 목적에 도달하지 못하는 것이다.

이런 상황은 비즈니스 상에서도 자주 일어난다. 구매하라는 것인지, 결재를 해 달라는 것인지, 검토하자는 것인지, 혹은 또 다른 어떤 결정을 원하는 것인지 메시지가 보이지 않는 글이 많다. 아무리 읽어 내려가도 하고 싶은 이야기가 무엇인지 알 수 없는 글이 있다. 대중을 타깃으로 한 글이든, 내부 커뮤니케이션을 위해 쓴 보고서든 이런 사례는 흔하다.

그러다 보니 상사는 "그래서 뭐?" 하고 묻게 되고, 독자는 아무 결정도 하지 못한다. 쓰는 내 입장에서는 대놓고 원하는 것을 말하기가 어색한 것인데, 독자 입장에서는 글이 불명확해 그냥 외면해버리는 것이다.

강의와 컨설팅을 진행한 기관이 있다. 기업이나 개인으로부터 기부를 받아 운영되는 곳이었다. 일정한 시기가 되면 이 기관은 기업이나 개인을 대상으로 기부를 독려하는 홍보물을 발송한다. 하지만 늘 성과가 좋지 않았다. 글이 독자의 마음을 끌어당기지 못한 것이다.

문제를 파악하기 위해 해당 기관의 홍보물을 살펴보았다. 첫 느낌은 나쁘지 않았다. 이미지도 감성적이었고 배열도 괜찮았다. 그런데 심각한 문제가 있었다. 어디에도 기부를 촉진하는 문구가 없었다. 기부가 왜 좋은지, 기부를 통해 누구의 삶이 어떻게 변했는지 등은 구구절절 설명하는데, 정작 실제로 기부해 달라는 이야기가 빠져 있었던 것. 이렇게 보여줬으면 알아서 기부하리라고 기대한 것일까. 담당자의 말 역시 그러했다.

"이 모든 이야기가 기부를 촉진하고 있는데요?"

"기부에 대한 이야기인데 너무 직접적이면 정서상 좀 그렇지 않나요?"

독자의 어떤 행동을 유도하기 위한 글이라면 직접적으로 표현해야 한다. 저절로 알아서 독자에게 전달되는 메시지란 없다. 특히나 설득의 글쓰기는 매우 적극적인 의사소통이 필요한 형태다. 정확하게 나서지 않으면 우리가 원하는 반응을 상대로부터 이끌어내기 힘들다.

비즈니스 세계에서 가장 많이 받는 질문은 아마 '왜'일 것이다. 우리가 사업을 하든 업무를 하든 결국 그 과정은 끊임없이 누군가를 설득하고, 설득당하는 것이다. 다시 말해 설득해야 할 때 서로가 주고받는 가장 기본적이면서도 핵심적인 질문이 '왜'다.

조직 내에서는 예산을 얻기 위해, 인적 자원을 이용하기 위해, 혹은 그 밖의 다른 자원으로부터 도움을 받기 위해 우리는 설득의 과정을 거친다. 조직 밖에서도 이 행위는 꾸준히 일어난다. 투자를 받기 위해, 제품을 판매하기 위해, 가치를 인정받기 위해…. 그 이유는 다양하나 결론은 하나다. 누군가의 마음을 움직여 내가 얻고자 하는 것을 얻어야 할 때 우리는 반드시 '왜'라는 질문에 답해야 한다.

일례를 살펴보자. 지금 나에게 10만 원이 꼭 필요하다. 친구든 부모님이든 직장 동료든 누구에게라도 그 돈을 빌려야 한다. 그렇다면 돈을 빌려 달라고 말하기 전 우리는 무엇을 준비해야 할까? 아마도 마음의 준비가 아닐까.

'뭐라 말하면서 돈을 빌려 달라고 하지?'

대부분의 사람은 이것부터 고민하게 될 것이다. 왜 그럴까? 우리가 먼저 그 이유를 말하지 않으면 당연히 우리의 부탁을 받은 그들이 "왜?"라고 물을 것이기 때문이다. 어릴 적부터 똑같은 질문을 무수히 받아왔고, 그 질문에 답을 어떻게 해야 할지 고민하는 것은 당연한 일이 되었다. 보통 비즈니스 글을 통해 움직이는 비용이 얼마나 될까. 적게는 몇백만 원에서 많게는 몇억 원일 것이다. 따라서 우리는 '왜'라는 질문에 적절한 답을 찾기 위해 엄청난 노력을 해야만 한다. 상대방 입장에서 보면 우리의 요구에 응할지 말지를 고민하는 첫 번째 관문이기 때문이다.

그런데 이처럼 당연한 일이 참 어렵다. 매번 무엇보다도 'why'에 대한 내용을 채워가는 것이 힘에 부친다. 어디서부터 설명해야 할지, 어떻게 이야기해야 내가 설득하고자 하는 것을 이해하고 받아들일지 참 모호하다.

지금 여러분이 이런 고민에 빠져 있다면 한번 생각해보자. 나의 독자는 현재 어디에 있는가? 예를 들어 오메가3 제품 판매를 위한 글을 쓴다고 상상해보자.

① 그는 오메가3의 역할과 필요성에 충분히 공감하고 있다.
② 그는 오메가3는 알고 있지만 그 필요성에 대해서는 잘 모른다.

③ 그는 오메가3를 모르고 당연히 필요성도 모른다.

그가 어떤 상황에 있느냐에 따라 우리는 그를 설득할 'why'를 다르게 짜야 한다. ①의 상황에 있다면 여기서는 오메가3의 역할과 필요성부터 굳이 설명할 필요가 없다. 그저 다른 제품과의 차별성이 무엇인지, 왜 이 제품을 선택해야 하는지에 집중하면 된다. 다른 제품과의 차별성을 돋보이게 하는 것이 'why'의 핵심이다.

②는 어디선가 오메가3를 들어보기는 했으나 직접적으로 내게 꼭 필요한 것이라는 인식은 못하고 있을 가능성이 높다. 그러면 'why'를 쓸 때 오메가3에 대해 설명하기보다는, 그 독자에게 있을 수 있는 문제점을 부각시키며 이 제품이 문제를 해결할 수 있다는 점을 인지시켜야 한다.

그럼 ③은 어떨까? 필요성을 인식시키면서 동시에 오메가3에 대한 설명도 이뤄져야 한다. 공감대도 전혀 없고 지식도 없는 상태에서는 처음부터 끝까지 설득을 위한 촘촘한 계획이 필요하다.

제안서나 기획서의 경우도 마찬가지다. 왜라는 질문에 대한 답은 문서로 치면 배경, 문제점이나 현황, 기대 효과, 목표 등 여러 단어로 재탄생된다. a라는 신사업 추진에 대해 문서를 작성한다고 생각해보자.

이 문서를 소비할 사람은 지금 어디에 있는가?

① 그는 신사업 추진의 필요성과 배경에 대해 충분히 공감하고
   있다.
② 그는 신사업에 대해서는 들어봤지만 그 필요성에 대해서는
   잘 모른다.
③ 그는 신사업을 모르고 필요성에 대해서도 잘 알지 못한다.

독자가 지금 어떤 상태에 있는지를 파악했다면 앞의 예시와 마찬가지로 그 상황에 따른 내용, 즉 'why'에 대한 답을 써줘야 한다.

내 편을 더 강력한 내 편으로 만드는 'why' 작성법

조직 내에서 작성되는 문서 형태는 대부분 앞서 예시로 든 ①에 해당한다. 다시 말해 필요성과 추진 배경에 대한 충분한 논의가 이뤄진 상황에서 문서를 작성하게 된다. 이런 경우 대부분의 'why'는 이미 나에게 있다. 여기서 가장 중요한 것은 '정보력'이 아닌 '정리력'이다.

하지만 이를 간과하고 새롭게 자료 조사를 하는 사람이 많다. 'why'가

중요하다고 했으니 그 부분에 집중하는 것이다. 전체 업무 시간 중 80%를 '왜'에 대한 답을 채우는 데 사용한다. 더 정확히 말하면 'why'라는 부분을 채우는 자료를 찾기 위해 쓴다.

하지만 생각해보자. 'why'에 대한 부분은 이미 상사와의 대화 속에서 체크가 가능하다. 그렇게 찾은 자료 중 정말 유의미하게 사용되었던 것은 얼마나 되는가? 거의 없을 것이다. 100% 시간 낭비다. 멈춰야 한다. 이미 결정이 되었고, 결정이 된 근거 역시 상사에게 있다. 결국은 내가 회의를 통하거나 혼자 생각했던 부분을 반영해서 쓰는 것이다.

그렇다면 새로운 정보를 찾기보다는 그 근거를 누가 보더라도 알기 쉽게 정리해주는 것이 필요하다. 이때 우리의 역할은 상사의 머릿속에 여기저기 흩어져 있는 아이디어와 정보, 경험을 문서에 담는 것이다. 물론 이 작업도 쉽지만은 않다.

다음 도형의 배열을 누군가에게 설명한다고 가정해보자. (시간이 있다면 실제 옆 사람과 해봐도 좋다.)

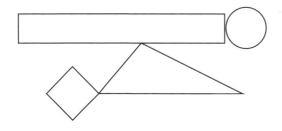

상대방은 이 그림을 보지 못하고, 내가 하는 설명에만 의존해 이 배열을 구현해야 한다. 과연 나는 상대방에게 이 배열을 완벽하게 설명할 수 있을까? 이와 반대 입장에서 나라면 상대방의 설명대로 그림을 제대로 완성할 수 있을까? 해본 사람은 알겠지만 만만한 일이 아니다. 내가 설명한 대로 상대는 그림을 그리지 못하고, 내가 그린 그림도 실제 그림과 상당한 차이를 보일 것이다. 단, 결과가 조금 더 좋아질 수 있는 방법이 있다. 계속해서 서로 이야기를 주고받으며 방향성을 확인하는 것이다. 서로의 머릿속에 든 생각을 말로 꺼내서 주고받음으로써 오류를 잡아가면 된다.

다시 본론으로 돌아와서, 독자가 생각하는 방향성과 내가 나름대로 판단한 방향성은 늘 일치하지 않을 수 있다. 그렇기에 꾸준한 소통이 필요하다. 이러한 맥락에서 진행하고자 하는 것이 맞는지 물으며 방향을 맞춰가야 한다. 그리고 일단은 잘 들어야 한다. 상사나 클라이언트가 어떤 니즈나 이유로 이 일을 진행하려 하는지 그의 말 속에서 힌트를 찾아야 한다. 나는 거기서 얻은 힌트를 토대로 문서를 보기 좋게 정리하면 된다.

잘 정리된 생각은 결국 결정의 시간을 앞당기게 된다. 그 시간을 앞당길 수 있도록 나는 글로써 그의 현재 생각이 가장 최선이자 최고라는 사실에 힘을 실어줘야 한다. 그것이 나의 의무다.

앞의 오메가3 이야기를 다시 생각해보자. 일단 상대가 얼마나 많은 정보를 알고 있는지, 어떤 생각을 하고 있는지 알아봐야 한다. 내 마음대로 재단하는 것은 금물이다. 상대가 오메가3가 무엇인지, 어떤 효능이 있는지, 또 좋은 오메가3는 무엇인지 이미 정보에 관해 충분히 알고 있다면, 그 생각을 보기 좋게 정리해주고 바로 결정을 유도하는 메시지로 이어져야 한다. "이런 게 좋다고 하는 건 들어봤지? 이런 거 따져야 한다는 것도 알고? 따져서 좋은 범주에 드는 게 바로 이거야"라고 설득하는 것이다.

정리하자면 이런 경우에는 굳이 'why'를 길게 가져갈 필요가 없다. 새로운 정보를 담아내려고 애쓰기보다는 상대방의 상황에 집중해 그의 생각을 보기 좋게 정리해주는 것이 가장 중요하다. 바로 이어 그가 판단(결정)을 빠르게 할 수 있도록 확신을 주는 메시지 하나면 충분하다.

선택에 확신이 들게 하는 'why' 작성법

이번 이야기는 앞서 든 예시 ②와 연결된다. 어느 정도 공감대는 있지만 선뜻 결정하지 못하는 상태다. 그렇다고 해서 공감대가 아주 구체적인 것은 아니기에 문제 의식과 배경 지식을 어느 정도 공급해야 하는 상태다. 어렴풋한 지식으로 확신 없는 상태에 있는 사람을 설득하는 경우가 꽤 많다.

이럴 때 가장 먼저 생각해야 할 것은 정보를 선별하는 것이다. 우리의 글을 읽을 사람이 우리가 제시하는 모든 'why'에 집중할 것 같지만, 실은 그들은 자신의 성향, 필요 등에 부합하는 내용에만 집중한다. 다시 말해 그들이 보고자 하는 내용이 없는 'why'를 제시하는 것은 'why'를 쓰지 않는 것과 똑같다.

이런 경우 먼저 상대가 결정에 이르지 못하는 이유가 무엇인지 눈치채야 한다. 본인이 느끼는 필요성이 약한 것인지, 혹은 정보가 부족한 것인지 확인해보자. 먼저, 제품을 판매하는 경우를 생각해보자.

나는 실제 쇼핑몰을 운영하면서 소비자를 설득할 메시지를 만들었다. 그때 가장 먼저 생각했던 것은 '어떤 사람이 보리굴비를 사게 될까?'였다.

① 아이가 좋아한다.
② 입맛을 잃은 부모님에게 좋은 반찬거리가 된다.

③ 가족 모임에서 고급스러운 한 끼 식사로 충분하다.

이렇게 독자의 상황과 생각을 염두에 두고 이 제품을 어떻게 사용할 수 있을지, 또 이 제품이 독자의 문제를 어떻게 해결해줄 수 있을지 제시한다. 어떤 상황에 사용할 것인지에 따라 'why'가 달라진다.

① 아이가 좋아한다.
　→ 깨끗함, 짜지 않음, 아이가 밥을 잘 먹었다는 타인의 후기(만족도)
② 입맛을 잃은 부모님에게 좋은 반찬거리가 된다.
　→ 전통 방식 그대로, 간이 적당함, 만족도
③ 가족 모임에서 고급스러운 한 끼 식사로 충분하다.
　→ 한정식집에서 보리굴비 가격, 만족도
＊ 여기서 만족도는 해당 타깃별 만족도로 구성되어야 한다.

새로운 정책이나 사업을 시작할 때 쓰는 기획서도 마찬가지다. 읽는 사람이 누군지에 따라서, 또 그 니즈가 어떤 부분에 있는지에 따라 'why'를 구성해야 한다.

제안서를 살펴보자. 기업에 기부 활동을 제안한다고 생각해보자. 어떤 'why'가 필요할까?

① 사회적으로 이런 문제와 상황이 존재한다.

② 기부 활동을 꾸준히 하는 기업의 매출 현황(인과성 증명)

내가 기업 입장이라면 어느 쪽 'why'에 조금 더 관심이 가게 될까? 물론 ②의 내용에 인과성이 얼마나 잘 드러나는가에 따라 다르긴 하겠지만, 이 제안서를 받게 될 기업 입장에서는 ①보다는 ②의 내용에 조금 더 집중하게 될 것이다. 일반적인 문제 상황을 집어넣고, 100곳의 기업에 제안서를 뿌렸을 때 좋은 결과를 얻기 힘든 이유기도 하다. 만약 조금 더 성공률을 높이고 싶다면 그 기업의 니즈가 무엇인지, 최근에 어떤 어려움을 겪었는지, 기업의 사회적 방향성이 어떤 것인지 파악해 그 부분을 공략해야 한다. 하지만 여기서 주의해야 하는 것은 비약이 따라서는 안 된다는 점이다.

· a가 없어서 이런 문제가 일어난다. 그렇기 때문에 a가 필요하다.

· a를 위해서 b를 해야만 한다. a가 필요하기 때문이다.

이해를 돕기 위해 a, b를 넣어 문장을 구성했다. 하지만 많은 사람이 문장을 읽으면 "에이, 설마 이런 구성을 하겠어요?"라고 묻는다.

그러나 실제 문서를 보면 이런 오류를 발견하는 것은 어려운 일이 아니다.

① 빠른 퇴근을 위해 온라인 강의 이수 정책은 폐지되어야 한다. 왜냐하면 많은 직원이 정시 퇴근을 원하기 때문이다.
② 신사업이 없어서 매출 하락이 계속되고 있다. 따라서 신사업의 빠른 진행이 필요하다.
③ 인력 부족으로 조직 내 갈등이 심화되고 있다. 따라서 빠른 인력 보충이 필수적이다.

이렇게 보면 아마 익숙한 문장 구성일 것이다. a를 진행하기 위해 a가 필요한 이유를 만들다 보니 너무 편협하거나 논리적이지 못한 'why'를 제시하게 된다. 그렇다면 어떻게 써야 논리적인 글이 될 수 있을까?

①을 먼저 보자. 시간이 낭비된다, 업무 효율성이 떨어진다 등 주장을 펼치려면 구체적인 현황 제시가 필요하다. 'why'에 문제 상황만 있는 것이 아니라 현황 자료가 함께 들어가줘야 한다. 온라인 강의 이수 정책은 폐지되어야만 한다.

WHY 1 강의 효과성 저조: 실제 강의 참여도가 낮다.

(재생만 하는 비율 **%)

WHY 2 업무 효율성 저하: 이수 시간이 많아 업무 시간은 물론 업무 외 시간도 할애하게 된다.

WHY 3 예산 낭비: 비용 대비 효과가 낮다. (강의 만족도 조사)

이렇게 정리하면 훨씬 논리적으로 읽힐 것이다. 여기서 조금 더 발전한다면, 이 'why'가 글을 쓰는 나보다 독자에게 유익할 것이라는 기대를 주면 더 좋다. 또 기업에도 기업 이익 차원에서 이렇게 바꾸는 것이 더 좋다는 느낌을 심어줘야 한다.

앞서 이야기했던 기부 제안서도 맥락이 비슷하다. 당신이 우리에게 기부해주면 우리가 좋아진다는 느낌보다는 우리에게 기부하면 당신에게는 이러저러한 혜택이 있다는 식으로 설득하는 것이 훨씬 더 수긍할 가능성을 높인다.

누구나 사람은 자기중심적이다. 이타적으로 살아야 한다고 배우지만 본능적으로 누구나 자기 주머니를 먼저 채우고 싶어 한다. 남에게 좋은 것도 좋지만 내게 어떤 유익한 영향이 있느냐가 더 중요한 결정 포인트가 된다는 사실을 잊지 말자.

모든 사람이 내 이야기에 관심을 가져주면 좋겠지만 그것은 그저 꿈에 가깝다. 내가 주장하려 하는 것에 아무 관심이 없는 사람을 설득하는 일은 쉽지 않다. 모든 사람은 일을 만드는 것을 싫어한다. 일례로 직장 내에서 아주 좋은 아이디어가 있다고 하더라도 그것을 발설하지 않는 직원이 많다. 왜 그런지 들여다보면 100이면 100 모두 일을 만들기 싫어서다. 말하는 순간 일이 되고, 우리는 그 일을 처리하면서 고통받을 것이 뻔하기 때문이다. 물론 어떤 일은 나를 성공 궤도로 이끌 수도 있지만 처음에는 거기까지 생각하지 않는다. 당장 귀찮은 일이 발생하는 것이 더 힘들기 때문이다. 심지어 안 해도 될 일을, 어쩌면 지금 업무와 전혀 다른 일을 해야 할 수도 있다면 과연 그 설득에 응해줄 사람이 몇이나 될까?

이러한 이유로 내가 하고자 하는 일에 관심이 없는 사람을 설득하는 일은 매우 어렵다. 이럴 때 쓰는 방법은 크게 두 가지다. 환기시키기와 호기심 유발하기.

'환기시키기' 방법은 한마디로 그들이 모르고 있는 부분을 보여주는 것이다. 대다수 부정적인 부분을 보여주게 된다. 미처 생각하지 못해서 놓치고 있는 부분을 보여줄 수도 있고, 혹은 어떤 사안의 심각성 정도를 보여줄 수도 있다. 심각성을 인지시키면서 해결책을 제시하는 형태다. 부정적인 측면의 'why'를 보여줌으로써 행동을 유발하는 것이다.

두 번째 방법인 '호기심 유발하기'는 그들이 모르는 부분, 상상하지 못했던 상황을 일부 노출함으로써 상대가 관심을 가지도록 하는 것이다. 앞선 방법에서와 다른 점은 대다수 긍정적인 내용이라는 것이다. 독자가 모르는 어떤 세상을 보여줌으로써 무엇을 얻을 수 있는지, 어떤 보상이 이뤄지는지, 무엇이 좋아지는지 등을 드러낸다.

정리하자면, '환기시키기'는 이 방법을 취하지 않으면 손해를 볼 것이라는 측면에서, 그리고 '호기심 유발하기'는 이것을 통해 무엇을 얻을 것이라는 측면에서 'why'를 설명한다.

'환기시키기'와 관련해 쇼핑몰을 예로 들어보자. 상품 페이지를 만들 때 역시 'why'는 빠질 수 없는 고민거리다. 소비자를 상대로 설득해야 하는 일이기 때문이다. 내가 환기시키기 방법을 사용한 것은 소독기를 판매할 때였다. 처음 제품을 런칭할 당시에는 코로나19가 그렇게 심하지 않았다. 따라서 나는 이 제품 구입의 필요성을 '환기시키기'에서 시작해야 했다. 물론 코로나19 이후에는 필요성을 굳이 설명할 필요가 없었다. 굳이 내가 설명하지 않아도 소독이 필요한 이유를 모두가 알고 있었기 때문이다.

나는 예비 소비자들에게 사람들이 숨 쉬는 모든 상황에 세균과 바이러스가 존재한다는 '새로운 사실'을 환기시켜야 했다. 우리가 인지하지 못하는 사이 우리 일상 곳곳에서 바이러스가 돌아다니고 있으며 그 바이러스는 결국 우리 호흡기로 들어와 질병을 일으킨다는 내용을 전달했다. 동시에 우리 삶을 나쁘게 만들 것이라는 이야기로 'why'를 이어나갔다. 쉽게 설명하자면 "상황이 이렇게 심각한데, 그래도 안 할 거야?" 하고 협박한 것이다.

다음으로 '호기심 유발하기'는 이런 식으로 시작하는 것이 기본이다.

"오늘날 전 세계적으로 발병하는 여성 암 중 두 번째로 흔한 암이 된 자궁경부암. 하지만 옛날 여자들은 자궁경부암 발병률이 낮았다고 합니다. 왜 그럴까요?"

이렇게 호기심을 유발하면서 시작된 제품 소개는 다음처럼 이어진다.

"불을 피워 밥을 해 먹던 과정에서 나오는 원적외선 때문이라고 합니다. 그렇다고 요즘 같은 세상에 불을 피워 암을 예방하긴 어렵죠. 그래서 준비했습니다. 이 제품은 원적외선이 나오는 제품으로…"

원적외선의 효과성을 말하기보다는 독자가 알 만한 상황을 제시함으로써 연상할 수 있도록 하고, 관심을 가지고 이 글을 볼 수 있도록 유도

하는 것이다.

내 주장에 반기를 든 사람을 설득하는 'why'에 대해서도 이야기해보려 한다. 내가 논리적인 만큼 그들 역시 논리적으로 반박하고 나선다. 감정적으로는 그냥 포기하고 싶지만, 이렇게 포기하기 시작하면 직장생활은 물론 사업에서도 확장을 기대하기는 어렵다. 반드시 넘어야 하는 벽이 존재한다.

생각해보자. 누가 이것을 싫어하는가? 그들은 왜 이것에 관심이 없는가? 먼저 그들이 반박하고 있는 요지가 무엇인지 파악해야 한다. 직접 물을 수 있는 상황에는 그렇게 하고, 그렇지 않은 순간에는 여러 가지 경로를 통해 반대 의견을 수집하자.

앞서 예시로 들었던 원적외선 매트 제품을 생각해보자. 이 제품을 쇼핑몰에 올리면서 고민이 되었던 것은 이미 비슷한 제품이 많은 상황에서 후발 주자로, 높은 가격대에 승부를 봐야 한다는 점이었다. 그때 내가 선택했던 방법은 혼자 소비자의 마음을 유추하기보다는 내 제품과 비슷한 가격대로 비슷한 성능의 제품을 팔고 있는 사이트에 들어가 최저점 순으로 리뷰를 본 것이었다. 리뷰는 화재 위험이 높은 것 같다, 국산 제품이 아니다, AS가 좋지 않다 등의 내용이 주를 이뤘다.

나는 그렇게 알게 된 상대방의 우려나 불만 사항을 정리했다. 그리고 단점을 강점으로 전환시키고자 했고, 그런 불만 사항에 대한 대책으로 이 제품이 충분하다는 논리로 상대방을 설득했다. 설득 프로세스의 시작점을 바꾼 것이다.

보고서 작성도 마찬가지다. 독자가 걱정하는 이유가 무엇인지 그 요인을 찾고, 만약 선입견이나 편견에 가깝다면 이를 반박하는 구체적이고 객관적인 자료를 제시해야 한다. 그 생각을 뒤엎는 것이 첫 번째 목표이기 때문이다. 하지만 실제 우려 사항에 대한 지적이라면 누구라도 제기할 수 있는 문제이므로, 변명하기보다는 어떻게 극복해갈 것인지 'how'에서 구체적으로 보여주는 노력을 해야만 한다.

그래서 하고 싶은 이야기가 뭐예요?

거듭 말하지만 비즈니스 글은 '문제 해결과 결정'을 위해 작성된다. 여기서 핵심은 '그래서 어떻게 할 것이냐'다. 독자의 문제나 고민을 '어떻게' 해결해줄 수 있는가는 마지막 독자의 선택을 결정짓는 중요한 단서가 된다. 실현 가능성, 신뢰성과 직결되는 부분으로 절대로 '대충' 내용을 채워서는 안 된다.

아무리 'why'가 훌륭하더라도, 구체적 실행 방안이나 계획이 보이지 않으면 선택받을 수 없다. 상품을 판매하는 것도 마찬가지다. 고객의 문제, 걱정거리를 나열해 보여주고, 그 문제를 지금부터 이 상품이 어떻게 해결해줄 것인지 구체화하는 것이 핵심이다. '일단 믿고 사봐요' 식으로는 설득하기 어렵다. 따라서 이 부분에서는 적절한 전문성이 필요하다. 그런 맥락으로 상품의 특수성이나 특이성이 제시된다. 이를테면 특허를 가지고 있다든지, 세계 최초로 발견한 기술을 접목한 제품이라든지 하는 내용 말이다.

문제는 '특이성'에 너무 집중하다 보면 독자가 알아듣기 어려운 설명으로 빠질 수 있다는 것이다. 그러면 아무도 설득할 수 없다. 어떤 기술이든 특허든 좋다. 하지만 그 기술이 실제 독자에게 어떤 맥락에서, 어떤 식으로 도움을 줄 수 있는지를 설명하는 데 더 많은 시간을 할애해야 한다. 훌륭한 기술도 결국 독자가 이해하지 못하면 의미가 없기 때문이다.

보고서 경우를 한번 살펴보자. 이때는 독자의 고민이 무엇인지, 그 고민을 발생시킨 요인은 무엇인지 제대로 확인하는 것이 중요하다. 문제 원인이 제대로 분석되지 않으면 대안은 절대 훌륭하게 나올 수 없다. 응급실에 가면 의사는 반드시 여기저기 검사한다. 그냥 급체한 것 같아서 갔는데, 피 검사, 소변 검사, 엑스레이 검사까지 시킨다. 왜 그럴까? 어디가 아픈지 모르는 상태에서는 어떠한 처방도 불가능하기 때문이다. 증상과 느낌은 급체일 수 있으나 실제로 심장의 문제에서 발현한 것이라면 더 큰 위험을 초래할 수 있기 때문이다. 섣부른 대안을 제시하기 전에 우리가 해결해야 하는 문제가 어디서부터 기인했는지 분석하고, 그에 따른 대안을 제시해야 한다.

단, 그 대안은 계획된 예산 안에서 무리가 되지 않는 인력 협조로 충분히 추진될 수 있어야 한다. 세상에서 가장 쉬운 대안은 돈을 쓰는 일이다. 아니 좀 더 정확하게 말하면 돈을 써서 문제를 해결한다는 내용의 대안은 작성하는 사람에게는 매우 쉬운 것이다. 내 돈 나가는 것이 아니기 때문이다.

하지만 독자 입장으로 돌아가면 결국 '돈이 없으면 아무 문제도 해결할 수 없어요' 하는 선고와 같은 맥락으로 읽히게 된다. 문제 해결에 도움이 되는 보고서가 아니라는 말이다. 사장이나 상사가 좋아하는 보고서가 아니다.

조금이라도 조직 생활을 해본 사람은 알 것이다. 잘 들여다보면 조직 문화든 업무 분장과 관련된 문제든 그 밖에 조직이나 기관 내에서 일어나는 일의 상당수는 '돈'이면 다 해결될 것 같지만, 실제로 원인을 들여다보면 큰돈으로도 해결될 수 없는 일들이 더 많다. 일례로 월급을

올려주면 직장 생활 만족도가 올라간다고 생각하지만 실제로 월급을 매월 올려주지 않는 이상 행복감과 만족감은 오래가지 않는다. 오히려 조직 내 사람들과의 관계, 제도, 일하는 방식의 개선 등이 그 불만을 잠재우는 키가 된다.

보고서 작성 시 대안을 제시해야 한다면 일단 문제의 원인이 무엇인지 들여다보자. 거기서부터 상사와의 소통이 시작될 것이다.

구체적인 글이 이해를 높인다

시공간을 초월한 소통 방법: 백서 작성

비즈니스 글쓰기에서 기록 보존을 목적으로 쓰는 글은 무엇이 있을까? 활동 경과 보고서, 조사 보고서, 결과 보고서 등이 대표적이라 할 수 있다. 또 역사를 기록하고자 하는 백서 형태의 글이 있는데, 대부분은 10주년, 100주년처럼 기관 및 조직 내에 특별한 행사와 이슈가 있을 때 역사를 되짚어보기 위해서 쓴다. 이런 형식의 문서는 일상적으로 쓰는 글이 아니다. 이런 글을 쓰게 되는 사람도 한정되어 있다. '지방선거백서', '국민의정부백서', 'OO축제백서' 등이 대표적이다.

나 역시 선거관리위원회에서 매년 진행한 축제 관련 백서를 집필한 적이 있다. 축제의 목적부터 내용, 결과와 효과성까지 내용을 총망라해 쓰는 것이다.

당시 나는 백서를 기획하면서 다음 사항을 고민했다.

- 각각의 항목을 잘 드러나게 하기 위한 장치는 무엇일까?
- 어떻게 하면 최대한 구체적으로, 객관적인 느낌을 유지하며
  내용을 기록할 수 있을까?
- 어떤 메시지를 전달할까?

이 고민들은 방법뿐 아니라 내용을 더욱 구체화화기 위한 작업이기
도 했다. 내가 알고 있는 것을 단독으로 풀어쓰기보다는 정보 및 자료
를 얻는 통로를 다각화해 다방면의 사실 관계를 조합하고자 한 것이다.
눈이 많고 입이 많아지면 내용은 풍성해지고, 구체적 사실을 만드는 데
도움이 된다. 자료가 풍성하면 글쓰기가 쉬워진다. 그래서 내가 선택한
방법은 다음과 같다.

- 인터뷰를 활용한다. (1:1 인터뷰, 축사 및 인사말, 소감 등)
- 직접 현장 취재를 통해 행사의 내용뿐 아니라 현장 참여자의
  반응도 확인한다. 당시 나온 기사가 있다면 이 부분도 취합해
  사용하고, 뒷부분에 첨부 수록한다.

· 현장 참여자의 메시지에서 미래 독자에게 전하고 싶은 이야기
  를 뽑아낸다.

주어진 사실 관계만으로 글을 기술하게 된다면 작업의 과정은 단순
해질 수 있다. 구체적으로 기술하기에는 무리가 따르게 된다. 그래서
나는 다소 힘이 들더라도 위의 과정대로 백서 집필을 진행했다. 일일
이 전화를 걸어 인터뷰를 하고, 현장에 나가 하루 종일 취재하고 글을
써 내려가면서 최대한 현장감을 살렸다.

결과는 예상보다 좋았다. 이 백서를 원하는 곳이 많았다. 일일이 기
관별로 인터뷰를 진행했고, 현장의 생동감을 잘 살리고 참여자 반응도
세세하게 기록했던 터라 '기록물', '기념품'으로서의 소장 가치를 인정
받은 것이다.

백서 형식의 글은 독자가 많지 않다. 대중을 대상으로 쓰지 않으며,
특별한 일이 없으면 열어볼 일이 없다. 어느 기관의 역사나 행사의 가
치와 의미를 되새기기 위해 쓰인, 그야말로 '백과사전'처럼 그 존재 자
체로 의미가 있는 글이다. 그 행사를 주최했던 기관 대표자의 공이며
치적 사항을 기록하는 것이기도 하다. 조금 더 적나라하게 말하면 백
서는 행사에 참여했던 사람, 그중에서도 행사로 인해 이득을 얻을 수

있는 사람을 위해 쓰인 글이다. 따라서 독자는 바로 그들이다. 그들이 만족할 만한 글이라면 오케이라는 말이다.

　백서라는 것은 매우 객관적으로 써야 하지만 실제로는 발행 기관 입장에서 유리한 내용을 취사선택해 쓰고, 기술 형태도 주관성을 띠고 있는 경우가 많다. 그래서 독자 입장에서 백서를 보게 된다면 이 모든 사실은 자의든 타의든 편집된 사실이라는 점을 기억해야 한다. 글은 어찌되었든 모든 사실을 기록할 수는 없기에 의도적으로 숨겨진 사실이 존재하기도 하고, 의도치 않게 드러나지 않은 이야기도 있다. 하나의 사건, 상황이라 하더라도 보는 이에 따라 판단이 달라질 수 있기 때문에 백서만 보고서 모든 내용을 있는 그대로 믿어서는 안 된다. 물론 구체화된 사실 관계에 대한 기술이 있기 때문에 과거의 내용을 통해 현재 문제를 해결하거나 힌트를 얻을 수 있다는 점은 다른 종류의 글과 목표나 기능이 동일하다.

　이러한 점을 고려해 지금 만약 백서를 쓰는 사람 입장이라면 일단 최대한 객관적인 내용을 기술하도록 노력하되, 모든 사실을 기록해야 한다는 압박감에서는 벗어나도 된다. 백서는 모든 사람을 의식하면서 쓸 필요는 없다. 그저 해당 기관의 역사나 행사의 주인공을 중심으로 상황을 구체화해 기술하면 된다.

다만 객관성 유지에는 신경을 써야 한다. 너무 주관적인 시각으로 전개된 글이라는 생각이 들면 독자가 글에서 멀어지기 때문이다. 이런 문제를 예방하기 위해 앞서 이야기한 대로 인터뷰, 즉 다른 사람의 눈과 입을 활용하는 것을 추천한다. 여러 사람의 말을 종합하는 것은 사실 관계를 크로스 체킹하는 것과 같다. 다소 힘든 과정일 수 있으나 객관성 유지는 물론, 보다 풍성한 사실 관계를 기술하는 데 도움이 될 수 있으니 꼭 반영해보기를 바란다.

내가 한 일을 만인이 알도록: 업무 기술서, 자기소개서 작성

"이거 정말 좋은데, 표현할 방법이 없네."

천호식품 광고다. 현실적인 제약 조건 때문에 효능 효과를 설명할 수 없어서 답답함을 느낀다는 것이다. 당시 대부분의 광고가 효과성, 특성, 강점 등을 중심으로 내용을 구성하고 있었기에 오히려 이 대사가 화제를 불러일으켰다.

이런 방식으로 제품을 설명해 히트를 친 사례는 이 광고 하나다. 따라서 이 유행어를 생각하면서 비즈니스에 필요한 글을 쓰게 되면 그 효과는 처참할 것이다. 특히나 기록을 통해 무엇인가를 성취해야 하는 경우에는 더욱 그렇다. 구체성을 배제하고, 호기심만 유발하는 것으로는 목적을 달성하기 어렵다. 특히나 업무 기술서나 자기소개서, 실적 보고서 등은 더더욱 그렇다. 구체성이 빠진 글은 아무런 힘이 없다.

이런 종류의 글은 왜 쓸까? 사람은 과거의 행적을 통해 미래를 예측한다. 과거에 살아온 태도를 보고, 앞으로 이 사람이 어떤 삶을 살아갈지 내다보는 것이다. 그래서 취직이나 승진할 때, 또 사업 투자를 유치할 때 우리는 과거 행적에 대한 기록을 글로 써서 제출하게 된다. 즉 특정한 사건(상황)을 통해 자신의 역할과 역량을 객관화해 보여주는 글이 필요한 순간이 있다.

"참 열심히 했는데, 정말 잘했는데, 누구보다 열정적이었는데 그걸 표현할 방법이 없네요."

이렇게 말하는 사람이 참 많다. 내가 수년째 공무원 사무관 승진 시험과 관련한 코칭을 진행하면서 느낀 가장 큰 문제가 바로 이것이다. 대부분은 본인이 일한 내용을 구체적으로 기술하는 것을 매우 어려워한다. 문제 해결 과정에서 본인이 왜 그렇게 행동했는지, 그 결과에 도달하기까지 어떤 어려움과 극복 스토리가 있는지는 기술하지 못하는 것이다. 그러다 보니 문서에는 문제 상황과 대안이 들어간 결과만 작성되어 있다. 이런 기술 방법은 '자판기가 있어서 돈을 넣었더니 콜라가 나왔다'고 말하는 것과 크게 다르지 않다. 외관상 보이는 상황만을 기술하는 것이다.

게다가 그 열정을 표현할 언어는 대부분 형용사인데, 써야 할 문서는 특성상 형용사가 어울리지 않기 때문에 어려움이 증폭된다. 자화자찬은 더더욱 금물이다. 결국 쓸 수 있는 말이 한정되다 보니 업무 계획이나 활동 계획 수준을 벗어나지 못한다.

따라서 이런 글을 쓸 때는 보이는 과정 외에 숨은 과정에 대한 구체적 기술이 반드시 필요하다. 당연히 본인 역할과 행동에 대한 구체적 기술도 포함되어야 한다. 문제를 어떻게 발견하게 되었는지, 발견한 문제에 대해 해결 방안을 구상할 때 어떤 노력을 기울였는지, 그러면서 겪은 문제나 장애 요인은 없었는지, 또 그 요인은 어떻게 극복했는지 구체적으로 써야 한다.

부서 간 업무 분장(分掌)에 의한 갈등 발생 → 부서별 의견 수렴 및 업무 내용 검토 → 불필요한 업무 제거 및 재분장 → 해당 업무 추진 필요성과 가치 설득 → 공감대 형성 → 갈등 조정

지금 써야 할 글의 형태가 만약 본인 역량을 평가받기 위해 쓰는 글이라면 더더욱 본인의 행동과 그 이유 및 결과에 대한 구체적 진술이 필

요하다. 얼마나 최악의 상황이었는지 세세히 설명하기보다는 위의 갈등 조정 예처럼 최악의 상황을 어떤 식으로 해결했는지, 즉 내가 취한 행동을 설명하는 데 힘써야 한다. 그래야 온전히 내 역량을 드러낼 수 있다.

누구나 이해 가능하도록, 누구나 상상할 수 있도록
: 업무 인계서, 결과 보고서 작성

사람이 바뀌어도, 공간이 바뀌어도, 시간이 흘러도 당시에 일어난 일과 상황, 과정과 결과에 대해 충분히 인지할 수 있도록 돕는 것은 문서뿐이다. 행여 오랫동안 동일한 사람이 그 자리에 있다 하더라도 기억은 시간이 지나면서 누락되기도 하고 변질되는 법. 당시의 사실 관계를 오롯이 기억하는 데는 무리가 있다. 이런 상황에서 도움이 되는 글은 '상상이 되도록 쓴 글'이다. 글을 읽어도 무슨 상황인지 이해되지 않고, 사실 관계가 현재의 문제에 어떻게 대입될지 예측할 수 없으면 소용이 없다.

나는 업무 인계서를 매일 썼다. 국회에서 일할 때였는데, 너무나 힘든 업무에 지쳐서 날마다 사표 쓰는 것을 목표(?)로 할 정도였다. 언제라도 그만둘 수 있게, 매일매일 업무 내용을 업데이트하자는 생각이었다. 그런 노력 덕분이었는지 퇴사 후 한 번도 후임으로부터 전화가 걸려 온 적이 없다. 구체적 글쓰기를 잘해놓았을 때 얻을 수 있는 부가적 혜택이라고도 볼 수 있다.

다시 본론으로 돌아와, 내가 '인계서를 어떻게 써야 하지?' 하는 물음에 대한 답을 찾은 것은 뜻밖에도 나의 첫 후배 덕분이었다.

당시에 내가 가지고 있었던 인계서 내용은 이 정도였다.

- 홈페이지 관리: 아이디/비밀번호
- 토론회 준비: 홍보 담당 부서, 현수막, 인쇄소 등 연락처
- 수행 후 그날 찍은 사진과 동영상은 바로 업데이트 및 백업

이 인계서는 나의 전임자에게 받은 것이었다. 나는 이 인계서를 받아 들고 매우 헤맸다. 물론 꼭 필요한 정보는 들어 있었지만 그 과정에 대한 설명이 없었기 때문이다. 그래도 나는 먹고살아야 했기에 여러 번 물어가면서 내게 주어진 업무를 수행해갔다. 그러던 중 후배에게 내가 하던 업무를 인계해줘야 하는 날이 왔다.

이 인계서를 주자 후배는 어리둥절해했다. 심지어는 토론회 당일 확인해보니 준비해야 할 것 대부분을 펑크냈다. 당황스러운 마음에 후배를 다그쳤으나 행사를 모두 마치고 돌아와 생각해보니, 구체적이지 않

은 문서가 후배와 나에게 이런 시련을 준 것이라는 판단이 들었다. 인계서가 정말 제 역할을 하려면 본인이 겪은 다양한 문제 상황에 대한 예시, 대처 방법 등을 상세히 기술해야 한다는 생각이 들었다. 나는 그 날부터 다시 인계서를 작성했다.

토론회 준비를 예로 들자면 나는 일단 날짜별로 준비할 사항을 정리했다.

D-30: · 일정 및 장소 섭외(회의실 예약 방법 및 규칙에 대해 부가 설명함)

· 토론회 참석자 섭외(섭외 전화 멘트, 메일 예시까지 첨부)

D-23: · 현수막 및 포스터 제작 요청(제작사 연락처 및 현수막과 포스터 게시 규칙 첨부)

· 초청장 제작 및 발송(발송 방법 및 예산 집행 방법 첨부)

· 국회 내외 홍보 방법 안내(홍보 방송용 문구 예시 작성)

D-7: · 참석자 일정 재확인 및 토론 자료 취합

· 의원 축사 작성 및 다른 의원 축사 요청(축사 요청하는 방법, 내빈 선정 기준 등 첨부)

· 토론 자료 및 축사 취합해 자료 제작사 송부(제작사 연락처 기재)

이렇게 걸음걸음마다 무슨 일을 해야 하는지, 그때 필요한 준비물은 무엇인지 등을 독자 입장에서 시간 순서에 따라 구체적으로 정리했다.

결과 보고서도 마찬가지로 구체적이어야 한다. 특히 쉽게 일어나지 않는 상황을 수습한 뒤 정리해야 하는 경우라면 더더욱 그렇다. 구체적으로 잘 정리된 문서는 훗날 누군가에게 귀한 지침서가 될 것이다. 그야말로 살아 있는 경험이 정리된 것이기 때문에 활용 가치가 더 클 수밖에 없다.

누군가 이 글을 읽고 10년 전 내가 경험한 일을 눈앞에서 본 것처럼 생생하게 떠올릴 수 있도록 자세하고 친절하게 쓰는 것에 집중하자.

위기 상황에 대처하는 법

위기, 그다음을 준비하라

속초의 유명한 한 닭강정집이 있었다. 당시 이 닭강정집은 정말 경쟁 상대가 없을 정도로 잘나가던 음식점이었다. 서울의 백화점에 팝업스 토어가 생길 만큼 유명세를 떨쳤다. 알려진 매출만 1,300억 원이라 하니 꽤 성공한 외식 업체라 볼 수 있었다. 그러던 어느 날 문제가 터졌다. 위생 관리 위반으로 적발된 것이다. 조리장 바닥과 선반에 음식 찌꺼기가 그대로 있었고, 주방 후드에는 기름때와 먼지가 껴 있는 등 비위생적인 상태로 가게가 운영된 것이 드러났다.

심지어 위생 교육도 제대로 받지 않은 것이 알려지면서 여론의 뭇매를 맞았다. 해당 업체에 따르면 당시 이 기사가 나가면서 매출은 1/3

수준으로 급락했다. 위기가 찾아온 것이다. 누군가는 예견된 사태가 일어난 것이라 했으나 업체 입장에서는 그야말로 '갑작스러운 일'이었을 것이다. 해당 업체는 이 위기를 어떻게 극복했을까?

업체는 사과문을 발표했는데, 다음과 같은 특징을 보였다.

- 사과의 의사를 여러 번에 걸쳐서 표명했다. '송구스럽다' 수준이 아닌 직접 '죄송하다', '사과드린다'는 말을 여러 차례 사용했다.
- 지적받은 사항을 구체적으로 적시했다. 피하기보다는 정면 돌파를 선택했다.
- 즉시 실행 가능한 대책을 발표했다. 현재 이뤄지고 있는 조치와 향후 영업 방향을 구체적으로 공개했다.

물론 이 사과문이 발표되고도 해당 업체는 많은 질타를 받았다. 말 몇 마디로 해결될 사안은 아니었기 때문이다. 다만, 이 사과문이 발표된 이후 입장 발표로 인한 추가적인 이슈가 발생하지는 않았다. 모든 것을 인정했고, 진심어린 사과를 했으며, 구체적인 대안을 발표했기 때문이다. 이후 빠른 속도로 추가적인 소식이 전해졌다.

"반도체 공장으로 변신한 OO닭강정"이라는 뉴스가 퍼지기 시작한 것이다.

사람들은 반도체 공장에 한 번, OO닭강정에 한 번 호기심을 느끼며 뉴스를 소비하기 시작했다. 매장을 리모델링하는 수준이 아닌 전반적으로 위생 관리에 대한 시스템을 점검하고, 식품 공장이 아닌 '반도체 공장'을 운영하듯 운영 방향을 바꿨다는 소식이었다. '소 잃고 외양간 고친다'는 비판은 피해갈 수 없었지만 위기가 위기에 그치지 않고, 해당 업체의 발전에 도움이 되는 기회로 작용했다는 점에서 좋은 사례로 볼 수 있다.

이처럼 조심하든 하지 않든, 자의든 타의든 사고가 발생하는 것처럼 위기는 우리 곁에 언제나 도사리고 있다. 하지만 어떤 이에게 위기는 기회가 되기도 하고, 또 어떤 이에게는 평생 일군 모든 것을 한 번에 잃어버리는 엄청난 사건이 되기도 한다. OO닭강정 역시 이 사건으로 인해 35년간 쌓아온 명성을 하루아침에 날릴 뻔했다. 하지만 현명한 위기 대처와 언론 홍보를 통해 위기를 기회로 만들어냈다.

우리는 늘 위기에 대비하며 살아간다. 사고 발생 가능성을 예측하고, 주요 요인을 분석해 대책을 마련하고 끊임없이 훈련한다. 하지만 막상 정말 '위기'라고 이야기할 수 있는 상황에 놓여본 사람은 그 훈련이 조금은 도움이 되지만 훈련과 실제 상황은 확연히 다르다는 것을 안다. 일단 모든 위기는 수습할 수 있는 시간이 굉장히 짧다. 특히 요즘처럼 온라인이 활발한 시기에는 더 그렇다. 자칫 놀란 마음에 멍하니 앉아 있다가는 아주 작은 위기도 큰 악재가 될 수 있다.

　다시 말해 위기를 100% 예방할 수 없기에 위기 상황에 놓였을 때 어떻게 대처해야 할지 미리 고민하는 것이 필요하다. 위기가 발생했을 때 전달해야 하는 중요 정보가 무엇인지, 그 내용을 어떻게 전달할 것인지 생각해야 한다. 그 과정에서 빼놓을 수 없는 것이 바로 문서다. 잘 쓰인 문서는 위기 상황을 정확하게 판단하며, 또 좋은 대책을 제시해 위기에서 잘 벗어날 수 있도록 돕는다. 하지만 문서를 작성하지 않는다면? 문제가 발생했는데, 누구도 이 문제를 설명해주지 않거나 이후 계획을 말해주지 않는다면 사람들은 그냥 자신이 보고 싶은 만큼 보고, 보이지 않는 부분에 대해서는 추측하게 된다. 그 과정에서 오해가 발생하고, 때로는 정말로 드러나서는 안 될 포인트가 타인에 의해 만천하에 공개되면서 더 큰 파장을 몰고 오기도 한다.

　가장 대표적인 케이스가 바로 남양유업이다. 위기는 언제라도 발생할 수 있다고 하지만 매번 그 위기 관리에 실패하는 일은 드물다. 이전의 경험에서 학습하는 것이 있기 때문이다. 그러나 남양유업은 갑질 사건에서부터 외손녀 사건, 최근 있었던 불가리스 코로나 효과성 논란까지 매번 사과문이 발표될 때마다 논란이 불거졌다. 원인은 단순하다. 잘못을 진심으로 인정하지 않았기 때문이다.

- 남양유업 대리점 갑질 논란: "이번 통화 녹취록은 3년 전 내용으로 확인되었으며…"
  → 이미 끝난 일이라며 잘못을 비켜 가려 하는 태도를 보였다.
- 남양유업 외손녀 논란: "황하나는 제 친인척일 뿐 남양유업 경영이나 그 어떤 일에도 전혀 관계되어 있지 않습니다."
  → 나와는 상관없다는 식의 거리 두기를 통해 잘못을 회피하고자 하는 태도를 취했다.
- "세포 단계 실험임에도 불구하고 소비자에게 코로나 관련 오해를 불러일으킨 점은 죄송하다."
  → '오해'로 이 사건의 본질을 규정하면서 책임을 회피했다.

누구나 위기 상황에 놓이면 당황한다. 당연히 문제로부터 도망치고 싶어진다. 방어하고 싶은 마음이 드는 것도 당연하다. 그러다 보니 자연스럽게 '거리 두기'를 선택한다. "저는 잘못이 없어요", "저는 모르는 일이었어요"라고 말하는 것이다. 내 의지와 상관없이 일어난 일이니 나는 그 논란에서 빼 달라는 식의 메시지가 들어간다. 문제는 그 메시지가 독자들에게는 어김없이 들킨다는 것이다. 빠져나가고자 할 때 독자는 눈치채고 앞을 막아선다. 남양유업 사태도 마찬가지다. 본능적인 회피 심리가 고스란히 드러난 사례다. 너무 당황스러우니 대처가 허술하게 이뤄진다. 누군가는 왜 그렇게 큰 기업이 매번 똑같은 실수를 저지르는지 모르겠다 질책할 테지만, 안타깝게도 위기 상황에서 어떤 메시지를 어떻게 전달할지 평상시 생각해보지 않으면 누구나 비슷한 실수를 저지를 수 있다.

안타깝게도 위기 상황을 염두해 미리 문서 훈련을 하는 조직은 많지 않다. 대부분 사고가 터지면 사고 상황에 집중한다. 그러다 보면 일이 수습되기보다는 실제 사고보다 더 큰 여론 폭풍에 휩싸이게 된다. 이 모든 위기를 수습하는 것은 결국 문서다. 위기를 예방하기 위한 매뉴얼을 만드는 일만큼 중요하게 생각해야 할 것은 위기가 발생한 후 이를 수습하는 극복 과정임을 반드시 기억하자.

일단 어떤 상황이 발생했다면 가장 먼저 해야 하는 일은 경위를 파악하는 일이다. 개인이 상황을 파악하고 정리한 다음 구두로 보고하는 것이 일반적이다. 하지만 사안이 심각하고 기업이나 조직에 위기로 작용할 수 있다면, 구두 보고에서 끝나는 것이 아니라 문서화하는 것이 필수다. 그때 쓰는 문서가 바로 사고 경위서다.

사고 경위서는 일반적으로 사건을 문서로 재구성하는 것이라 보면 된다. 사고 원인을 파악하고 누가 책임을 지는지 드러나는 첫 문서이기도 하다. 이 문서가 얼마나 정확하고 구체적으로 쓰였느냐에 따라 위기 상황의 수습 시간이 결정된다. 그래서 사고가 발생한 직후 가능한 한 빨리 쓰는 것이 좋다. 최대한 정확한 사실을 바탕으로 작성하는 것도 잊지 말아야 한다.

실제 위기 상황에 놓였던 경험이 있는 조직을 살펴보면 사고 경위서를 쓰는 사람은 대부분 책임자이지만, 때에 따라서는 꼭 한 사람만 쓰지 않고 목격자 혹은 담당자 등이 함께 쓰기도 한다. 아주 큰 사고의 경우 사고 당사자가 충격이나 부상으로 인해 제대로 된 진술을 하기 어려운 상황이 발생하기도 한다.

이런 경우 나는 여러 사람의 시선에서 사건을 함께 재구성하는 것을 추천한다. 여기에도 꼭 지켜야 하는 규칙이 있다. 바로 사실과 상황을 그대로 공개해야 한다는 것. 세상에 거짓말은 유지될 수 없다. 특히나 요즘처럼 가지각색의 '증거 수집 도구'가 많은 세상에서는 내가 아무리 뭔가를 숨기려 해도 소용이 없다. 은폐와 축소, 왜곡 같은 잔머리는 작은 불을 아주 큰 불로 만들기 때문에 애초에 사용하지 않는 것이 좋다. 이렇게 늘 이야기해도 현장에서 맞이하는 위기 상황에서는 이 간단한 사실이 잘 지켜지지 않는다.

다만, 위기 상황에서는 우리가 이성적으로 판단하기가 쉽지 않다. 그래서 처음 쓰는 사고 경위서는 그 내용이 실제 사실과는 다른 형태로 기록되기도 한다. 내용 역시 디테일할 수가 없다. 대표적인 것이 시간이다. 기억에 의존해 쓰이기 때문에 사실 관계를 정확하게 확인했을 때 차이가 발생하기도 한다.

또 우리는 모두 인간이기에 책임져야 할 수도 있겠다는 부담감에 자신도 모르게 거짓으로 기술하기도 한다. 실제로 어떤 누구도 시간대별 상황을 모두 기억하는 것은 아니기에 기억을 떠올리면서 오류를 겪기도 한다.

만약 위기 상황에서 쓴 사고 경위서에 이런 문제가 있다면 어떻게 해야 할까? 강의하면서 이 질문을 하면 대부분 "다시 써야죠"라고 답변

한다. 반은 맞고 반은 틀리다. 물론 다시 써야 한다. 덮어쓰는 것이 아니라 새로 써야 한다.

　과거에는 타자기나 수기로 문서를 작성했기에 쭉쭉 찢고 다시 쓰면 그게 곧 진실로 자리매김할 수 있었지만 요즘은 어떤가? 한글 문서만 보더라도 문서가 생성된 시각과 수정된 시각, 최종 저장된 시각까지 뜬다. 그래서 수정된 경우 사람들로부터 불필요한 오해를 받기도 한다. 은폐나 사실 왜곡 등의 의심을 받는 것이다.

　실제로 강의에서 만났던 한 분도 그런 경우가 있었다. 사고가 나서 사고 경위서를 썼는데, 너무 정신이 없는 상태에서 쓰다 보니 사고 당사자의 이름을 잘못 기입한 것이다. 뒤늦게 그 사실을 인지하고 다시 그 문서에서 이름을 고쳐 저장해두었는데, 사고 당사자의 보호자와 상사로부터 왜 문서 내용을 고쳤냐고, 어떤 사실을 은폐하는 것이 아니냐는 의심을 받았다고 한다. 여러 차례 설명했음에도 '변명'하는 것처럼 의심하는 눈초리를 계속해서 받아야만 했다. 이런 불필요한 감정 소모를 없애기 위해서는 덮어쓰기보다는 사고 경위서를 버전 1, 2, 3 정도로 업그레이드하며 정리하는 것이 좋다.

　비슷한 예로 화재 사고가 발생한 어느 공장에서 있었던 일이다. 처음 사고 경위서를 썼을 때는 사고 발생 시점과 신고 시점을 기억에 의존해 기록했다. 하지만 나중에 CCTV와 휴대폰 통화 기록을 살펴보니 시점에 상당한 차이가 있었다. 그 시간에 대한 기록을 바꿀 생각으로 사고 경위서를 수정했는데 위 사례와 같이 의심을 받는 상황이 발생했다. 이런 경우도 사고 경위서의 수정 이유를 간단히 기입하면서 날짜별로, 시간대별로 버전을 업그레이드해가는 것이 현명하다.

상황에 대한 재구성은 시간 순으로, 가능한 한 자세히 작성하는 것이 포인트다. 그래야 이후 대책을 마련할 때도 좀 더 실질적이고 구체적인 내용을 쓸 수 있다.

상대의 분노는 어디에서 출발했을까?

사고 경위를 제대로 파악했다면 이제는 사건이나 상황의 성격을 규정해야 한다. 규정의 주도권을 언론이나 타인에게 빼앗기는 순간 위기는 일파만파 커진다. 상황을 책임지고 있는 당사자가 상황의 본질을 파악하지 못하고 엉뚱한 곳에 원인을 두면 아무리 훌륭한 문장을 쓴다 하더라도 그저 '변명'으로 읽히게 될 뿐이다.

예를 들어 앞서 말한 OO닭강정의 경우 만약 "직원들에게 수차례 위생의 중요성을 강조했음에도 불구하고, 제대로 지켜지지 않은 것에 책임을 통감합니다"라고 했다면 상황은 어떻게 변했을까? 위기의 본질은

'위생 문제'였는데, 이 문제를 회피하기 위해 또 다른 원인으로 '직원'을 지목한 것이다. 그러면 원래의 문제에 대한 용서가 이뤄지기도 전에 새로운 지적이 발생하게 된다. 분명히 사과는 했는데, 사과를 받아들일 수 없는 상태가 된다. 차라리 "변명하지 않겠습니다. 모든 것이 저의 불찰입니다. 제가 모든 것을 걸고 다시는 이런 일이 재발하지 않도록 대책을 만들겠습니다"라고 하는 것이 여론을 잠재우는 데 더 효과적이다.

책임을 전가하는 것은 최악이다. 피하려 하거나 책임에서 비껴 있으려 하는 태도는 모든 사람의 눈에 다 보인다. 발등의 불을 끄기보다는, 앞서 말했듯 이 사건의 본질과 위기 요인을 면밀히 분석해 문제가 재발하지 않도록 노력해야 한다.

2021년 여름에 발생한 쿠팡 물류 센터 화재 사고를 떠올려보자. 이 사고는 왜 일어났을까? 열악한 작업 환경 때문에? 아니면 콘센트 때문에? 안전수칙을 지키지 않아서? 안전불감증 때문에? 위기 상황에 대해 쿠팡은 어떠한 정의도 내리지 못했다. 위기를 제대로 대처하지 못했던 것이다. 주도권을 언론에 빼앗기면서 쿠팡은 엄청난 질타를 받아야 했다. 만약 쿠팡이 사고 직후 사고에 대해 제대로 규정했다면 상황은 어떻게 달라졌을까? 이를 놓치는 순간 사실상 위기 관리는 실패한 것이다.

사람들의 생각은 모두 다른 것 같지만 어떤 프레임에 갇히면 쉽게 벗어나지 못한다. 공간과 한계를 규정지으면 사람들은 그 안에서 사고하게 된다. 밖으로 나와 상황을 총체적으로 살펴보기까지는 꽤 노력이 필요하다. 특히나 위기 상황으로부터 직접적 영향을 받지 않는 사람이 그런 노력을 할 가능성은 거의 제로에 가깝다.

　모두가 지적하고 있는 문제는 무엇이고, 위기를 발생시킨 핵심 요인이 무엇인지 정확하게 파악해 규정하고, 이에 대한 대책을 내놓는 것이 위기 관리 글쓰기의 핵심이다. 위기의 원인을 소상히 밝히면서 본질과 쟁점을 정리하고 공개해야 한다. 또 심각한 상황에 대한 정확한 정보를 제공하는 것도 잊어서는 안 된다.

　위기로 인한 피해 정도와 파장 정도, 예상되는 최악의 시나리오가 무엇인지도 빠르게 판단해 공개해야 한다. 잘못을 빠르게 사과하는 것은 위기를 극복하는 첫걸음이기도 하다. 이 단계만 잘 기억하고 있어도 충분히 위기를 극복할 수 있다. 핵심을 잡는 데 집중하자.

위기 발생의 요인과 핵심을 정확하게 파악했다면 마지막으로 사태의 해결 방안과 대책을 구체화해 공개해야 한다. 사고가 일어난 뒤 제일 중요한 것은 재발 방지다.

사태 해결을 위한 질문

· 누가 책임을 질 것인가?

· 이제 어떤 일을 할 것인가?

· 대책은 언제부터 어떻게 진행되는가?

기본적으로 위기 상황이 발생하면 책임자가 필요하다. 문제 해결이 필요한 시점이기 때문이다. 누군가의 통솔이 필요하고, 그의 책임 하에 행동이 이뤄져야 한다는 인식이 강하기 때문이다. 따라서 위기 관리 시 쓰는 글에서는 누가 이 일을 책임질 것인지 명시하는 것이 필요하다. 책임자의 지위가 높으면 높을수록 사람들은 그 조직이 이 상황을 '엄중하게' 의식하고 있다고 생각한다. 흔히 사람들이 화가 나면 "책임자 나와!"라고 소리치는 상황과 비슷하다. 글을 책임자가 써야 한다는 것이 아니다. 글을 발표하는 주체가 명확하게 드러나도록 써야 한다는 것을 의미한다. 아울러 이 과정에서 내부 인원에 대한 당부와 맡아줄 책임에 대해서도 언급해야 한다.

그런 뒤 그 책임자가 어떤 행동을 할 것인지 보여줘야 한다. 단지 최선을 다하겠다, 열심히 하겠다라는 말로 위기를 극복할 수 없다. 매우 구체적인 '어떻게'가 필요하다. 이 부분이 잘 표현되기 위해서는 앞 단계, 즉 원인 파악이 잘 이뤄져야 한다. 문제 본질을 정확하게 인지해야만 보여줘야 할 행동도 명확해진다. 또 먼 훗날이 아닌 당장 오늘부터라도 어떤 개선이 이뤄지는지 함께 보여주는 것이 필요하다. 그 내용이 구체적이면 구체적일수록 신뢰도는 높아진다.

5장

목표 달성을 촉진하는
글 전개법

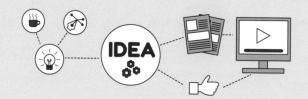

잘 키운 이미지 하나 열 글 안 부럽다

이해를 돕는 것은 직관성이다

상대방을 이해시키기 위해 우리는 참 많은 노력을 기울인다. 감각적 묘사를 활용하기도 하고 다른 상황을 비유해 설명하기도 한다. 더구나 나는 경험했으나 상대는 경험하지 않은 것을 설명하는 일은 그야말로 '장님 코끼리 더듬기'와 같다. 이럴 때 우리가 생각해야 할 도구가 바로 이미지다.

다소 복잡한 이해관계나 사고 과정 등을 표현하는 것에서도 텍스트 보다 이미지가 유리할 수밖에 없다. 긴 말보다 한 장의 그래프나 도표 가 훨씬 더 이해를 돕는다. 내가 아무리 글을 쓰는 사람이고 글이 중요 한 의사소통 수단이라 주장하는 사람이더라도 이 사실은 부인하기 어렵다. 꽃 모양을 설명한다고 생각해보자. 아무리 말주변이 좋아도 한계가 있다. 꽃 사진 하나면 말이 필요 없다. 당연히 설득력도 높아진다.

트위터에서 페이스북으로, 다시 인스타로 SNS의 흐름이 이어진 것 역시 나는 이러한 맥락 때문이라고 생각한다. 텍스트가 다 표현할 수는 없고 당연히 그 한계를 극복해줄 이미지에 대한 욕구가 있었을 것이다. 아주 좋은 분위기나 예쁜 배경을 말로 설명하는 것보다 한 장의 사진을 보여주는 것이 낫다. 이미지 역시 또 다른 의미의 텍스트다. 꼭 굳이 글자로만 소통하려고 하지 않아도 된다.

전에 홍보글 대행을 의뢰한 제조사에 갔을 때의 일이다. 물의 구조를 바꿔주는 어떤 장치를 개발한 회사였다. 나는 가자마자 그들이 개발한 제품 효능이 빽빽하게 적힌 자료집을 받아들고 설명을 한참 듣고 있었다. 개발 배경, 과정, 작동 원리 등을 듣고 있노라니 머리가 어지러웠다. 무슨 말인지 하나도 모르겠는데 말은 길고, '그래서 이게 뭔데?'라는 물음표만 수만 개가 찍히던 참이었다. 설명 자료는 20페이지가 넘었는데, 지금 와서 떠올리면 어느 페이지도 기억에 남지 않을 정도로 난이도가 높았다. 참고로 그 회사의 모든 임원은 공학박사였다. 일상적 대화도 어렵게 느껴지도록 하는 재주가 있는 사람들이었다. 그러니 그들의 개발품에 대한 설명은 오죽했을까.

결국 긴 시간을 지나 내가 얻은 메시지는 '이 장치를 통해 변환시킨 물은 OO성분이 있어 생명에 활력을 주고, 생장에도 도움이 됩니다'라는 것이었다. 이 메시지를 어떻게 전달해야 할까? 전문가라면 당연히 화학 구조나 공식 같은 것에 익숙하겠지만 일반인 입장에서는 전혀 알아들을 수 없는 외계어에 가깝다. 아무리 길게 설명한들 일반 독자에게 전달될 리가 없다.

그래서 내가 선택했던 질문은 "그래서 증거 있어요?"였다. 글로 표현하기 어려우니 내 눈앞에 보이는 것을 내놓으라는 뜻이었다. 누가 뭘 먹었는데 어떻게 됐다더라, 병이 나았다더라 하는 '카더라' 후기 말고, 내 눈앞에서 확인할 수 있는 증거물을 보고자 했다. 그 물이 그렇게 좋다면 사람이 아닌 다른 생명체에게도 좋을 테고 그것을 눈으로 볼 수 있다면 효능을 이해하기가 더 쉽다고 생각했다.

다행히 그들에게는 식물과 물고기가 있었다. 제품을 통과한 물은 1년째 썩지 않았고 심지어 식물 생장과 물고기 생명 연장에도 도움이 되고 있었다. (그 과정이 사진과 영상으로 기록되어 있었다.) 나는 그 이미지를 홍보물에 담기로 했다. (실제 효용성은 논외로 하기로 한다.) "OO성분의 영향으로 1년에 OO% 생장에 도움이 되었고…"로 이어지는 긴 글보다 한 장의 이미지가 훨씬 더 설득력이 있다고 판단했다.

이후 회사 매출은 이전보다 훨씬 좋아졌다고 한다. 내용이 쉽게 이해되니 구매 결정을 하는 사람도 많아진 것이다.

이렇게 내가 만든 사례 외에도 요즘은 쇼핑몰이나 홈쇼핑에서 이런 효과를 많이 이용한다. 청소기가 먼지를 얼마나 잘 흡입하는지를 보여주는 것도 마찬가지다. 쇼핑몰 내 상세페이지나 홈쇼핑 방송을 떠올려 보자. 청소기를 파는데 "잘 빨아들여요", "7,000RPM이에요"라고만 설명하는 곳은 이제 거의 없다. 물론 과거에는 많았다. 하지만 그 말로는 구체적으로 그게 어느 정도로 훌륭한 기능을 하는지 상상하기 어렵다. 그래서 많이들 쓰는 방법이 페트병을 이용한 흡입력 테스트다. 또 먼지, 크레파스, 쌀 등으로 매우 더럽게 연출된 바닥을 청소기가 쓱 훑고 지나가는 모습을 보여주는 경우도 많다. 결국 이미지를 보여주는 것이다. 이미지를 보여주면서 직관적으로 이 제품의 성능이 우수하다는 것을 느끼게 하는 것이다.

같은 제품이라도 소비자가 이해하기 어려운 제품으로 낙인찍히는 순간 거리가 멀어진다. 체감할 수 없고 상상할 수 없는 것에 대해 설득하는 유일한 방법은 눈앞에 보여주는 것이다. 지금 누군가에게 알려야 할 그 제품이 소비자에게 다소 어려운 주제라면 어려운 것을 일일이 소개

하기보다는 우리의 고객이 어떤 사람인지를 상상하고, 그들에게 보여
줄 수 있는 이미지가 무엇인지 고민해봐야 한다.

　이미지를 직접 보여줄 수 없는 경우도 있다. 그렇다면 이미지를 연상
하게 하는 방법이 있다. 학창 시절 공부할 때 잘 가르치던 선생님들은
이해시키는 과정이 길지 않고 아주 명쾌했다. 구구절절 설명하기보다
는 '아하!' 하고 깨닫게 하는 노하우가 있었다.
　어릴 적 과학 시간에 배운 관성의 법칙을 떠올려보자. 관성의 법칙을
설명해야 한다면 뭐라고 할 것인가? 사전적 정의에 따르면 '외부에서
어떤 힘이 작용하지 않는 한 물체는 자기 상태를 유지하려 한다'는 것
이다. 과학 시간에 선생님이 떠드는 아이들을 보고 "자, 조용!" 하고 외
치셨다. 그러고는 이렇게 말씀하시는 게 아닌가.
　"너희들 계속 이야기하고 싶지? 이렇게 수다를 계속 떨고 싶은 상태,
이걸 관성의 법칙이라 한다."
　확 와 닿는 설명 아닌가. 사람들은 자기가 경험해보지 않은 것을 이
해하는 데 오랜 시간이 걸린다. 더구나 자기 삶 속에서 겪을 수 없는
일이라면 더더욱 그렇다. 이럴 때는 상대방이 경험해봤거나 상상할 수
있는 소재를 빗대어 내가 전달하려는 내용을 설명하는 방법이 좋다.

이를테면 나는 '시댁에서의 산후 조리가 왜 힘든가'를 남편에게 설명해야 했던 경험이 있다. 당시 정말 여러 가지 맥락에서 남편을 설득했다. '고부간 관계는 어렵다', '불편하다', '괜히 사이가 나빠질 것 같다' 등 서로 감정이 상하지 않는 선에서 이야기했지만 남편은 내가 느끼는 감정을 전혀 이해하지 못했다. 그는 그때까지, 그리고 앞으로도 이와 비슷한 일을 경험할 가능성이 전혀 없기 때문이었다. 그러던 중 회사 선배에게서 놀라운 해결책을 전수받게 되었다. "백날 이야기해봐, 남자는 출산할 일이 없는데 네 이야기를 이해하겠어? 남자가 겪을 상황에 빗대어 표현해줘야지!" 나는 무릎을 탁 쳤다. 그러고는 선배에게서 전수받은 "정관수술 후 장모님한테 조리받는 기분이래"라는 대사를 남편에게 전달했다. 남편뿐 아니라 당시 함께 일하던 많은 남성이 "와, 그런 느낌이야?"라며 공감했다.

실로 허탈한 결과였으나 한편 굉장히 현명한 설득법이었다. 상상조차 되지 않는 일을 이해하는 것은 쉽지 않은데, 본인이 경험해봤거나 경험할 예정인 일을 이야기하면 상대는 머릿속으로 그 상황을 상상할 수 있게 된다. 그러면 당연히 이해에 도달하기까지의 시간이 짧아진다.

예전에 서울시의회에 있을 때 정책보좌관제 도입에 대한 이슈가 있었다. 나는 늘 인터뷰 준비를 해야 했고, 수시로 칼럼을 써야 했다. 그렇게 홍보해도 여론이 좋아지기는커녕, 여전히 아무도 지방자치의회의

정책보좌관제 도입에 대한 논의가 진행되는 줄도 몰랐다. 내용이 너무 어려웠기 때문이다. 또 일반 국민의 삶에 큰 영향이 없었다. 관심을 유도해야 했고, 관심이 있는 사람을 우리 편으로 만들어야 했다.

하루는 정책보좌관제를 반대하는 사람을 설득하는 내용의 칼럼을 써야 했다. 보통 반대하는 이유는 '지금도 무슨 일을 하는지 모르겠는데, 도대체 왜 또 예산을 달라는 거야? 지금 하는 일 제대로 하면 그때 생각해보자'가 요지였다. 우리가 주장하고 싶었던 이야기는 '인프라가 부족해서 지금 일의 완성도가 낮은 거야. 보좌관 쓸 수 있게 예산 줘. 그럼 훨씬 더 잘할 수 있어'였다.

알이 먼저냐, 닭이 먼저냐 하는 논쟁 다음으로 굉장히 타협점을 찾기 힘든 주제였다. 내가 선택했던 방법은 비유였다. 어느 날 퇴근하고 돌아오니 이제 막 돌이 된 첫째 아이와 남편이 한바탕 전쟁을 치르고 있었다. 아이는 자기가 직접 떠먹고 싶다며 숟가락을 달라 하고, 남편은 그럼 다 흘리게 되니 바닥이 더러워진다, 그냥 주는 것 받아먹어라 하면서 싸우는 것이었다. 남편에게 "숟가락 줘, 숟가락질 연습하느라 그런 거야"라고 했더니 되돌아오는 답이 "때 되면 다 해. 지금은 너무 어질러서 안 되겠어"였다. 그때 나는 "아니, 지금 안 하면 일곱 살 되었을 때 제대로 못해. 연습 과정이 필요해"라고 설명했다. 거기서 나는 정책보좌관제에 대한 설득 논리 예시를 찾게 되었다.

- 정책보좌관제는 시기상조다. = 숟가락질은 바닥만 더럽힐 뿐 효용성에서 떨어진다.
- 정책보좌관제를 지금 도입해야 발전이 있다. = 치우기는 힘들지만 지금 숟가락질을 연습해야 나중에도 잘할 수 있다.

아기의 숟가락질을 상상해보자. 어른처럼 흘리지 않고 제대로 밥을 퍼먹는 모습을 누구도 상상하지 않을 것이다. 나는 이것을 예시로 사용하기로 했다. '다소 부족하더라도 연습할 수 있는 시간을 주자. 그래야 더 잘할 수 있다'는 논조로 주장을 이어갔다. 그 결과 어느 때보다 거부감 없이 사람들에게 우리 주장을 펼칠 수 있었다는 의견이 많았다.

사람은 모르는 것에 대해 거부감을 느낀다. 방어기제가 발동하는 것이다. 그 방어기제를 무너뜨리는 것은 '라포'(상대방과 형성되는 친밀감 또는 신뢰 관계)다. 낯선 내용의 글에서 라포를 형성할 수 있는 가장 좋은 무기가 이미지라는 것을 기억하고 적극적으로 사용해보자.

잘 정한 장소 하나가 전달력을 높인다

아주 유명한 바이올리니스트가 지하철역에서 버스킹을 했다. 연주하는 바이올린은 상상을 초월하는 비싼 악기였고, 그 악기를 다루던 사람도 전 세계적으로 유명한 사람이었다. 그러나 지하철역을 지나는 대부분의 사람은 그 사실을 눈치채지 못했다. 이 일화는 이미 많은 사람이 알고 있을 것이다.

나는 그것이 장소의 한계라고 생각한다. 훌륭한 기술자는 장비 탓을 하지 않는다 하지만 나는 개인적으로 어느 정도 장비의 영향이 있다고 생각한다. 아무리 좋은 음식 솜씨를 가졌다 하더라도 아무도 갈 수 없고 보이지도 않는 산골에 음식점을 차려놓으면 그곳이 맛집이 되기는 어렵다. 기본적으로 사람이 모이는 곳을 선택해야 한다. 그 가치를 알아줄 수 있는 사람이 모이는 곳을 잘 알아봐야 한다.

글도 마찬가지다. 아주 좋은 글을 썼다 하더라도 타깃이 잘 맞지 않거나 그 타깃이 있는 곳을 잘못 찾아 아무 데나 가져다놓으면 쓸모가 없어진다.

우리나라뿐 아니라 세계 어느 곳에서나 볼 수 있는 포스터가 있다. 표현 방법은 다르지만 메시지는 딱 하나다. "변기에 이물질을 넣지 마세요." 도대체 누가 그렇게 변기에 이물질을 넣는 것일까? 어떤 건물, 어떤 나라에 가도 이 행위를 막기 위해 다양한 문구를 쓰고 그림도 붙여놓는 것을 보면 분명히 범인은 한두 사람이 아닐 것이다. 꽤 많은 사람이 이 같은 실수를 저지르고 있다는 뜻이다. 한편 그렇게 하지 말라고 경고 문구를 붙여놓는데도 계속 반복되는 것을 보면 그것이 하나도 소용이 없다는 말이기도 하다.

그럼 우리는 한번쯤 생각해봐야 한다. 왜 애써 붙여놓은 저 글귀가 제 역할을 다하지 못하고 있을까? 왜 변기에 뭔가를 넣는 사람들을 제지하지 못하는 것일까?

글을 아무리 잘 써도 팔리지 않을 때가 있다. 목표를 이루지 못했다는 뜻이다. 아주 훌륭한 카피를 썼는데도 광고 효과가 전혀 없을 때가 있다. 또 아주 재미있는 홍보 영상을 만들었는데 효과를 얻기 어려울 수 있다. 원인이 무엇일까? 대부분은 콘텐츠 자체에서 원인을 찾으려 하는데, 의외로 콘텐츠가 노출되었던 장소에 원인이 숨어 있는 경우가 많다.

많은 사람이 실수하는 것 중 하나가 바로 홍보 장소를 선택하는 일이다. 지금 유행하는 플랫폼에만 전력을 다한다. 내가 만나야 하는 독자는 유튜브를 활발하게 보는 계층이 아닌데, 유튜브가 대세이므로 유튜브에 홍보한다. 또 독자는 20대 미혼 여성인데 맘카페에 홍보하는 경우도 많다. 아무리 좋은 콘텐츠라 하더라도 게시할 장소가 잘못되면 효과는 당연히 떨어지게 된다.

독자가 어디에 많이 있는지, 그들이 어디에 모여 있는지를 고민해봐야 한다. 플랫폼을 정했다면 그다음은 그들이 어떠한 경로를 통해 그 자리에 모여 있게 될지를 생각해야 한다. 그래서 그 경로에도 나의 콘텐츠가 보일 수 있도록 배치해야 한다. 한마디로 걸음걸음 그들의 손을 잡아끌 글이 필요하다는 뜻이다. 이런 노력 없이는 성공적인 홍보를 기대할 수가 없다. 그저 우리가 이런 홍보를 했으니 알아서 필요한 사람은 와서 보겠지, 하는 생각으로는 절대 원하는 결과를 낼 수가 없다.

· 20대 여성 타깃:_____

· 30대 남성 타깃:_____

· 40대 여성 타깃:_____

· 60대 남성 타깃:_____

자, 다시 화장실 이야기로 돌아가보자. "아름다운 사람은 머문 자리도 아름답습니다" 정도로 사람의 행동을 제지하기는 어렵다. 그렇다고 "CCTV 관찰 중 책임 묻겠음" 같은 협박성 멘트는 더 위험하다. 이 문제를 잘 해결하려면 일단 가장 먼저 화장실에 주로 어떤 이물질을 버리고 있는지를 파악해야 한다. 정말 이물질로 인해 변기가 자주 막힌 곳이라면 그 원인이 어디에 있는지 역시 잘 알 것이다. 이 주제로 여러 기관에서 오신 분들과 글쓰기 수업을 한 적이 있었다. 그때 확인해보니 크게 '음식물, 물티슈' 등이었다. 상황이 이렇다면 각 상황별로 글도 달라져야 하고 붙이는 위치도 달라져야 한다.

먼저, 각 형태별 상황을 상상해보자. 화장실에 들어가는 것부터 생각하자.

· 음식물을 버리려는 사람을 제지하는 방법은?

- 뭐라고 말할까?

"변기에 음식물 넣지 마세요!"에 "음식물은 1층 음식물 쓰레기통
으로!"와 같은 대안을 함께 제시해야 한다. 가능하다면 화장실 한
켠에 음식물 쓰레기통을 비치하는 것도 방법이 될 수 있다.

- 어디에서 제지할까?

적어도 안쪽 문에는 붙이면 안 된다. 그들은 변기에 앉지 않는다.
당연히 앉은 자세에서 보게 되는 위치에 안내문을 붙여놓으면 보지
못한다. 그럼 어디에 붙여야 할까? 가장 좋은 위치는 화장실 출입
문이다. 일반 성인의 눈높이에 붙여야 한다. 거기서 제지하지 못하
면 대부분의 사람은 그대로 변기로 직행할 것이다.

· 물티슈를 버리려는 사람을 제지하는 방법은?

- 뭐라고 말할까?

"물티슈는 변기 막힘의 원인이 됩니다"에 화살표를 쭉 이어 휴지
통(버릴 곳) 위치를 표시해줘야 한다. 특히 요즘에는 휴지통 없는
화장실이 많아져 사람들이 물티슈를 버릴 만한 곳이 없다. 이런 상
황을 인지하고 대안을 제시해줘야 '에라 모르겠다' 하는 형태로 행
동하는 것을 막을 수 있다.

- 어디에서 제지할까?

사람은 망각의 동물이라 금방 까먹는다. 물티슈를 쓰게 되는 상황에서 제지를 시작해야 한다. 변기에 앉은 자리에서 보이는 곳에 안내문을 붙여야 한다.

같은 글이라도 어디에 게시하느냐에 따라 반응이 달라진다. 좋은 글을 쓰는 것도 중요하지만 독자가 지금 어디에서 어떤 상황에 놓여 있는지를 고민하는 것이 더 중요할 수 있다.

마찬가지로 내가 홍보 업무를 담당한 업체의 경우 집중 타깃 자체가 '아파트 관리소장'으로 한정되어 있었다. 전형적 B2B 비즈니스 모델이다. 이런 경우 물론 금전적 여유가 있으면 또 모르겠으나 굳이 일반지에 비싼 돈을 들여 광고할 필요가 없다. 아파트 관리소장들이 잘 보는 전문지에 홍보하는 편이 훨씬 더 효율적이다. 투입된 예산 대비 효율이 더 잘 나오는 것을 선택하면 된다. 또 지역 기반 비즈니스라면 굳이 전국방송을 할 필요가 없다. 지역 매체만 잘 활용해도 효과가 두드러진다. 그래서 요즘 페이스북이나 인스타그램에서는 타깃을 한정해 광고를 도와주는 서비스도 진행하고 있다.

여기까지는 타깃팅의 과정이다. 이를 통해 관절염에 좋은 건강기능

식품을 판매한다고 생각해보자. 그런데 60대는 인스타그램을 거의 하지 않는다. 따라서 구매로 연결되거나 입소문을 탈 가능성이 거의 없다. 그러므로 60대를 타깃으로 한다면 플랫폼을 바꿔야 한다.

몇 번을 강조하지만 대한민국 사람 모두를 만족시키는 글은 없다. 당연히 그런 제품(상품)도 없다. 타깃을 잘 잡고 그들이 모일 만한 곳을 잘 선정하자. 자리만 잘 잡아도 글이 빛날 것이다.

글 속에 독자를 투입하고 가둬라

자기 일에 냉담한 사람은 없다

글을 쓰는 입장에서 늘 걱정이 생긴다. "이 글을 누가 읽어주지?" 내 글을 읽어줄 독자를 만드는 일은 참 어렵다. 어지간해서는 사람의 시선을 끌기가 힘들다. 글 좀 쓰는 사람은 헤아릴 수 없이 많고, 글로 먹고사는 사람의 개성도 매우 다양하다. 이렇게 글이 넘치다 보니 사람들은 자기와 관련 없는 글에는 더더욱 관심을 가져주지 않는다. 나와 관련 있는 글만 읽기에도 시간이 부족하다.

나는 이 걱정을 해결할 힌트를 지역방송 기자로 일하면서 깨달았다. '지역방송을 누가 볼까?'라고 생각하는 사람도 있을 것이다. 사실 나도 그렇게 생각했다. 전국방송이 얼마나 재미있는 게 많은데 왜 지역방송을 보는 걸까 하고 의문을 가졌다. 지역방송에서 제공할 수 있는 '특별한 소식'은 없다. 특히 요즘처럼 정보가 시공간의 경계를 넘나드는 경우에는 더더욱 그렇다. 뉴스가 있기는 하지만 실제 뉴스로서의 가치를 창출하기는 쉽지 않다. 이런 점을 고려한다면 우리는 무엇으로 살아남을 것인가에 대한 고민이 따를 수밖에 없었다.

나는 최대한 많은 지역 주민을 방송 안으로 끌고 들어갔다. 인터뷰를 하거나 주인공으로 등장시키는 등 다양한 형태로 주민들이 방송에 나올 수 있도록 기획했다. 관공서에 근무하는 분은 물론이고 농사를 짓는 분, 병원을 운영하시는 분, 국제결혼을 하신 분까지 우리가 일상적으로 만날 수 있는 평범한 사람의 이야기를 특별한 소재로 가공해 방송에 녹여냈다.

이렇게 하면 사람들은 방송을 기대하기 마련이다. '내 이야기, 나의 가족 이야기, 나의 친구 이야기'가 나오기 때문이다. 자연스럽게 방송 시간을 궁금해하고, 그 채널에 애착을 느끼게 된다. 방송이 나가고 나면 쑥스러울지언정 여기저기 자신의 지인에게 이 사실을 홍보한다. 그렇게 저절로 독자가 넓어진다. 그 결과 지역 주민에게 꽤 많은 사랑을 받을 수 있었다.

그렇다. 지역방송에는 그 지역 사람이 나온다. 전국방송에도 물론 나올 수 있지만 빈도나 가능성이 지역방송에 비해 현저하게 떨어진다.

그 부분이 사람들에게 매력적으로 다가가는 게 아닌가 싶다.

방송에만 국한된 이야기가 아니다. 보도자료든 홍보 자료든 마찬가지다. 우리가 반드시 만나야 하는 사람들의 이야기를 넣어 그들이 충성도 높은 우리의 독자가 될 수 있도록 묶어야 한다.

보도자료를 쓸 때 인터뷰를 끼워 쓰라고 말하는 이유가 바로 여기에 있다. 특히 유명한 사람(스스로 유명하다고 생각하는 사람 포함)은 공통적으로 자기 이름을 인터넷에서 검색하는 취미가 있다. 그럴 때 우리가 쓴 글이 검색되도록 쓰는 것이 핵심이다. 애초 기획할 때 유명인을 주인공으로 세울 수도 있다. 그러면 앞 사례와 유사한 효과가 나타난다. 그 유명인은 자기 기사를 어떻게든 널리 알리고 싶어 하고 실제로 알린다. 그를 아는 사람들도 역시나 한 번쯤 관심을 가져줄 것이다. 이런 식으로 독자가 늘어간다.

같은 처지의 사람을 외면할 수 없다

모든 글이 유용할 수는 없다. 모든 타깃을 다 만족시킬 수도 없다. 또 매번 독자가 명확하게 그려지지 않을 수도 있다. 그러나 난제는, 우리는 그럼에도 불구하고 글을 써야 하고 홍보를 계속해야 한다는 것이다. 그럴 때 독자를 우리 글 속으로 끌어들일 수 있는 방법을 생각해보자.

우리는 주로 남이 쓴 리뷰(후기)에 관심을 보인다. 그도 소비자고 나도 소비자이므로 같은 편이라고 생각하는 것이다. 오늘날 사람들에게 후기는 매우 중요한 정보로 작용한다. 후기를 보고 음식점을 고르고, 후기를 보고 컴퓨터를 산다. 또 후기 때문에 1평짜리 작은 가게가 1,000평 가게로 변하기도 하고, 1,000평 가게가 한 줄 후기 하나로 문을 닫기도 한다. 바로 같은 처지의 사람들이 뭉치는 효과에 의한 것이다.

그러다 보니 요즘은 쇼핑몰이나 홈쇼핑에서도 이 '리뷰'를 '리뷰'하며 판매하는 일이 흔하게 일어난다. 다른 제품과의 차별성이나 실제 경험에 의한 특이성을 살리는 방법으로서 '후기'는 단연코 가장 좋은 방법이 될 수 있다. 판매자가 쭉 나열해놓은 제품의 강점보다 누군가가 쓴 후기가 객관적이라 '착각'하는 경우가 많다. 일반 소비자는 리뷰를 보면서 리뷰를 쓴 사람과 나를 동일시하고 신뢰감을 느끼며 소비하게 된다.

따라서 이 부분도 효과적으로 활용해볼 필요가 있다. 우리의 독자가 누구인지 고민한 뒤, 그들이 어떤 상황에서 이 제품을 사용할지, 그 만족감을 어떻게 표현해야 좀 더 리얼한 사용자 후기처럼 보일지 고민해보자. 그 내용이 잘 제시된다면 독자가 늘어나는 것은 물론 독자로부터 우리가 원하는 행동을 유도하기가 더욱 쉬워질 것이다.

가둔 물고기도 되돌아보자

고민할 시간을 주지 말자

가게에 들어왔다고 미안해서 물건을 구매하는 시대는 갔다. 내 글을 읽었다고 해서 한 번에 설득되는 독자도 없다. 내 글을 읽게 만드는 일도 참 어려운 일이지만 동시에 독자가 내 편이 되도록 하는 일도 쉽지 않다. 심지어는 내 편인 줄 알았는데 마지막에 등을 돌리는 독자도 심심치 않게 발견할 수 있다.

특히 글을 통해 물건을 판매해야 하는 경우, 머무르는 시간은 길었는데 구매로 전환되지 않고 이탈하는 경우 우리는 '잡아둔 물고기가 집을 나갔다'고 판단해야 한다. 이제부터 나눌 이야기는 바로 그 잡은 물고기에 대한 이야기다.

요즘 사람들은 의심이 참 많다. 정말 별로인 제품이 상급 제품으로 포장되어 팔리기도 한다. '믿고 거르는 인스타 광고', '믿고 거르는 페북 광고'라는 말이 있을 정도로 제품이 많이 판매된 만큼 실망하는 사람도 많아졌다. 쉽게 말해 '글발'로 파는 제품이 늘어나면서 사람들은 '속는' 경험을 많이 하게 되었다. 그래서 더 이상 나는 속지 않겠다는 심리가 커졌다. 한 번 속지 두 번 속나, 하는 심정으로 보고 또 보고 비교해가며 구매를 결정하는 사람이 많아졌다. 그래서 들어왔다가도 이탈하는 소비자가 많을 수밖에 없다.

　따라서 우리는 일단 독자가 된 우리 고객을 한 번에 영원한 내 편으로 만드는 기술을 연마해야 한다. 이를 위해 구매 결정을 서두르게 하는 것이 가장 중요하다. 지금 당장, 반드시 여기서 꼭 사야 한다는 마음의 결정이 이뤄지도록 해야 한다. 한 번 떠나간 고객은 다시 돌아오지 않는다.

　첫 번째 방법은 선택지를 좁혀서 주는 것이다. 마케팅 용어로는 일명 '더블바인딩'이라 한다. 질문하되 한정된 몇 가지 선택지를 줌으로써 독자가 다른 생각을 할 수 없도록 묶어두는 기법이다. 이 방법은 최근 육아에서도 많이 사용되고 있다.

① "숙제할래, 안 할래?"

② "숙제 지금 할래? 아니면 밥 먹고 할래?"

초보 엄마일 때 나는 ①처럼 물었다. 애석하게도 대부분 그 질문에 대한 답은 돌아오지 않았다. 행여 하겠다는 답이 돌아오더라도 어떤 시기나 방법을 구체화한 것은 아니었기에 공허한 대답에 그치고 말았다. 하지만 ②처럼 물으면? 당연히 숙제는 하는 것이다.

게다가 시기를 정하게 함으로써 행동을 독촉하게 된다. 논외의 것으로 고민하거나 트러블을 야기하는 것을 미연에 방지하는 것이다. ②처럼 선택지를 좁혔을 때 독자의 결정이 빨라질 수 있다.

비즈니스 영역으로 다시 돌아와 소독기 판매를 예로 들어보겠다.

· 지금 쓰는 분무기를 조금 더 사용해보고 구입을 결정하겠습니까?
  (나중에 살래?)

  아니면 전문가용 소독기를 당장 구입하시겠습니까? (지금 살래?)

그다음은 답에 따라 다르게 펼쳐지는 상황을 보여준다.

① 분무기를 이용한 소독(비용 저렴함, 넓은 공간일 경우 많은
   노동과 시간이 필요)

→ "계속해서 분무기를 사용하실 수도 있습니다. 만약 공간이
  좁고 소독 인원이 충분하다면요."

② 전문가용 소독기를 이용한 소독(비용 높음, 넓은 공간이라
  하더라도 빠른 시간 내 해결)

→ "하지만 공간이 넓고 소독 인원이 적다면? 게다가 다른 업
  무량도 많다면? OO소독기를 준비하시는 것이 삶의 질을
  높이는 지름길이 될 것입니다."

독자가 어디에 더 가치를 두고 있는지를 고민해 그 부분을 공략하는
것이다. 내가 판매하던 소독기의 경우 대부분 회사를 대상으로 하는 것
이었기에 구매자 역시 일의 효율성을 중요하게 생각했다. 이런 부분을
공략해 선택지를 좁히고 지금 당장 사야 하는 이유를 밝히면서 결정을
유도해야 한다.

제안서나 기획서를 작성할 때도 마찬가지다. 왜 우리와 손을 잡아야
하는지, 왜 우리 기관에 도움을 주어야 하는지 설득하는 과정에서도 이
러한 메시지는 힘을 발휘한다.

물론 다른 선택지도 많을 것이다. 하지만 사람들은 앞서 강조했듯
프레임이 정해지면 그 안에서 결정하려 한다. 두 가지를 제시했기 때문
에 두 가지 상황에서 선택하게 된다. 고민의 폭을 확 줄여줌으로써 결

정의 시간을 대폭 단축시킬 수 있으니 이 방법을 꼭 사용해보기 바란다.

나를 위해서가 아니라 너를 위해서

사람들은 '남이 잘되는 것'에 그다지 호의적이지 않다. 남 잘되라고 억지로 물건을 사지는 않는다. 서비스나 비즈니스 관계를 맺는 것도 마찬가지다. 사람들은 누구나 나를 위해 결정한다. 강의를 제안할 때도 제품을 판매할 때도 새로운 신사업을 추진할 때도 마찬가지다. 뭔가 내가 손해 보는 느낌이 들거나 저 사람이 내게 어떤 것을 떠넘기는 듯한 뉘앙스가 느껴지면 아무리 설득이 90% 이뤄졌다 하더라도 도망가기 쉽다. 그래서 '클로징'이 참 중요하면서도 어렵다.

특히 사람은 습관적으로 결정을 머뭇거린다. 그 머뭇거림을 원천적으로 차단해야 한다. 결정을 미루는 것이 인간 본성이다. 결정에는 책임이 따르기 때문에 본능적으로 피하고 싶은 것이다. '이것 괜찮은데?', '이것 나한테 도움이 될 것 같아'라는 생각은 드는데, 지금 당장 사야겠다는 생각이 들지 않으면 강력한 메시지를 전달해야 한다. 떠나는 사람을 붙잡고 지금 사는 것이 좋다고 말해줘야 한다. 당장 구매해야 하는 이유를 고객의 마음에 심어주는 마지막 멘트를 잘해야 한다.

일단 노골적으로 들볶는 느낌이 나면 안 된다. 너무 저돌적으로 다가가면 상대는 우리의 행동과 언어를 의심하게 된다. 확신이 들었다가도 상대방이 너무 애절하고 낮은 자세가 되면 '저 사람이 왜 저러지?' 하면서 의심한다. 왜 이렇게 당장 팔아먹으려 안달이 났을까, 하는 느낌이 들면 이 결정을 했을 때 내가 손해를 볼 수도 있다고 생각한다. 따라서 내가 지금 매우 급한 상태라는 것을 들키지 않아야 한다.

여기서 핵심은 급한 사람은 내가 아니라 당신임을 깨우치는 것이다.

자, 그럼 클로징을 위한 구체적 글쓰기 방법은 무엇일까. 첫째, 지금 구매했을 때 얻을 수 있는 것을 제시한다. 지금 구매하면 무료배송을 해준다든지, 40리터 소독제를 서비스로 준다든지 같은 혜택을 제시해야 한다. 요즘 자주 보이는 '오늘밤까지만 아이패드 무료!'와 같은 영어 학습 프로그램 광고가 같은 맥락에서 클로징하는 것으로 볼 수 있다. 단, 여기에는 무조건이 붙으면 안 된다. 조건이 붙어야 있어 보인다. '1차분 완판 감사 세일' 등 문구가 여기저기 보이는 것이 바로 이런 이유 때문이다. 사람들은 이유 없이 나에게 잘해주는 사람을 경계한다.

둘째, 지금 구매하지 않았을 때 얻게 되는 불이익을 제시한다. 언제까지 이 가격이고 언제부터 가격이 인상된다는 내용의 고지가 대표적이다. 이를 통해 소비자로 하여금 오늘, 지금, 당장 사는 것이 가장 효과적이고 합리적인 소비라는 생각이 들도록 부추기는 것이다. 홈쇼핑 쇼호스트들이 늘 "지금 매진 예상됩니다"를 외치는 이유가 여기에 있다. 지금 결정하지 않으면 사고 싶어도 못 산다는 메시지를 전달함으로써 결정을 독촉하는 것이다.

셋째, 경쟁의식을 부추긴다. "마지막 한 자리 남았어요"라는 멘트에는 '이미 당신 말고도 많은 사람이 이걸 보고 있어'라는 메시지가 숨어 있다. 얼른 결정하지 않으면 다른 사람에게 기회를 뺏길 수도 있다는 위기의식을 심어주는 것이다. 얼마 전 여행을 가려고 펜션을 알아보던 중 주인아주머니에게서 이런 문자 메시지가 왔다. "하실 거면 계약금 넣어주셔야 할 것 같아요. 지금 오신다고 계약금 넣는다 하시는 분이 계셔서요"라는 내용이었다. 이 역시 같은 원리의 마케팅 방법이다. 결정을 위해 고민하는 시간을 빼앗는 것이다.

옷가게에서도 이런 일은 흔하다. 옷가게를 운영하며 많은 돈을 번 대표님에게 노하우를 물어본 적이 있었다. 손님이 오면 고용한 알바가 들어와 그 손님이 고른 옷을 빤히 쳐다보다가 "저도 한번 입어볼 수 있어요?"라고 물어본다는 것이다. 그러면 이 대표님은 "어, 이거 한 벌밖에 안 남았는데 혹시 하실 거면 따로 빼놔드릴까요?"라고 묻는다. 그 순간 손님은 머릿속으로 빠른 결정을 내리게 된다. 누군가 경쟁 상대가 붙었으니 바로 결정해버리는 것이다.

또 하나의 노하우는 같은 옷을 여러 장 구비하고 있다 하더라도 딱 한 장씩만 진열한다는 것이다. 혹시라도 손님이 다른 사이즈를 찾으면 "사이즈가 다 나간 것 같은데, 한번 찾아볼게요"라고 말하고 창고로 간다. 그러고는 옷을 들고 와 "이거 딱 한 장 남았네요" 하고 말하는 것이다. 즉 고객으로 하여금 굉장히 인기가 있는 품목이라고 착각하게 만들어 희소성을 높이는 전략이다. 당연히 이번에도 구매 결정이 빨라진다.

여기까지 했다면 해야 할 행동을 명확하게 제시해줘야 한다. 연결할 링크, 연락처 등을 명확하게 제시해 지금 바로 그들이 전화를 하든, 상담 창을 열든, 카톡을 보내든 할 수 있게 해야 한다. 쭉 나열된 설명과 설득 메시지만으로는 움직이지 않는다. 지금 당장 행동을 취하도록 유도해줘야 도망가지 않는 나의 독자가 될 수 있다.

6장

'사이다' 공식만 알면 끝!

최근 코로나19로 인해 '언택트 시대'가 도래함에 따라 비대면으로 나를 알리고 상품을 알려야 하는 상황이 되면서 글쓰기의 중요성이 날로 커지고 있다. 뿐만 아니라 재택근무 활성화로 이메일이나 메신저, 보고서를 통해 업무가 이뤄지다 보니 서로가 어려움을 겪기도 한다.

우리가 써야 하는 모든 글쓰기를 종류별로 다 배울 수는 없다. 그럴 만한 시간이나 경제적 여력도 없다. 개인이든 조직이든 마찬가지다. 따라서 내가 지금까지 다양한 글을 쓰면서 깨달은 공통적인 규칙을 전달하고자 한다. 내가 글을 쓰면서, 또 글을 쓴 뒤 검토하는 과정에서 꼭 체크하는 부분이다. 바로 'CIDER', 일명 '사이다' 글쓰기 공식이다.

Choose your target audience. 첫 번째 단계는 독자를 선택하는 것이다. 어디에 있는 누구를 찾아가 이야기를 나눌 것인지 결정하는 단계로 이해하면 된다. 대상 독자가 명확하고 뾰족할수록 메시지를 뽑기도 쉽고, 어떠한 방식으로 글을 전달할지 결정하기도 쉬워진다.

Identify their needs. 독자가 선택되었다면, 이번에는 독자의 니즈가 무엇인지 파악해야 한다. 그들이 어떤 불편을 겪고 있는지, 어떤 미래를 상상하는지, 해결하고 싶은 문제가 무엇인지 알아보는 것이다. 독자의 니즈 역시 구체적일수록 유리하다. 제목이나 썸네일 등 독자의 시선을 끌 수 있도록 부르기 효과를 적용하는 데 꼭 필요한 정보다.

Decide your message. 무슨 내용을 써야 하지? 글을 쓰는 일은 늘 막막하다. 하지만 실제 비즈니스 글을 쓸 때 이 고민은 내가 할 일이 아니다. 내가 결정하는 것이 아니라는 말이다. 결국은 독자에게 달렸다. 내가 하고 싶은 말이 a여도, 상대가 궁금해하는 것이 b라면 당연히 a가 아닌 b를 핵심 메시지로 뽑아야 한다. 그래야 읽힌다. 쓰는 내 입장에서 알게 된 여러 사실 관계 속에서 독자에게 꼭 필요하고 유용한 정보와 유의미한 맥락은 무엇인지를 선택하는 것이 포인트다. 그것이 글의 핵심 메시지다.

Express your message with efficiency. 어떤 메시지를 전달할 것인지 고민을 끝냈다면 이제는 어떤 경로로, 어떠한 형태로 보여줄 것인지 고민해야 한다. 역시 독자가 누군지에 따라 그들을 만나러 가는 길은 달라진다. 글을 써서 올릴 채널도 달라지고, 채널에 올릴 글의 형태도 달라진다. 때로는 독자에 따라 사례를 보여줄 수도 있고, 그림을 사용할 수도 있다. 독자에게 메시지를 효율적으로 전달하기 위해 어떤 도구를 사용하는 것이 좋을지 고민하는 단계다.

Realize the purpose of your message. 글의 목적성을 다시 한번 확인한다. 모든 글에는 목적성이 있다. 처음 글을 쓰면서 가졌던 그 목적성이 글을 쓴 이후에도 연결되고 있는지 체크해보는 단계다. 동시에 이 글이 효과적으로 목표에 도달할 수 있는지도 확인해야 한다. 그리고 독자가 이 글을 읽는 목적도 충족시켜주는지 체크해야 한다. 우리의 목표와 우리 독자의 목적을 함께 만족시키는 글이 최고의 결과물이다.

그럼 이제부터 CIDER 공식을 바탕으로 비즈니스 글쓰기 사례를 살펴보도록 하자.

홍보글 1: SNS 글쓰기

한국환경공단 인스타그램 계정에 들어가면 〈택배 상자와 아이스팩을〉이라는 제목의 포스팅을 볼 수 있다. 이미지에는 물론 본문에도 텍스트가 있다. 이미지 속 택배 상자 테이프를 떼는 사람 앞에는 '이물질이 남지 않도록 깔끔하게 제거하자!'는 말풍선이 붙어 있고, 그 아래에는 '종이 상자는 납작하게 접고, 스티로폼 상자도 꼭 분리 배출해주세요'라는 카피가 적혀 있다.

C 독자는 누구인가?

먼저 '부르기 효과'에 의해 독자가 불리고 있는지 살펴보자. 눈에 보이는 독자가 있는가? '택배 상자'와 '아이스팩'이라는 단어를 통해 독자를 부르고 있을 수 있다. 하지만 문제는 그 대상이 특정되지 않았다는 것.

백번 양보해 택배 상자와 아이스팩으로 독자를 부른다 하더라도 여기서 부르고 있는 독자는 두 부류로 나뉜다. 택배 상자 처리와 관련된 독자, 그리고 아이스팩 처리와 관련된 독자. 하나의 글에서 서로 다른 독자를 동시에 부르는 것은 '여러분!' 하고 불특정 다수를 부르는 것과 마찬가지다.

부르는 효과가 반감된다는 것이다. 게다가 독자가 이렇게 나뉘면 메시지에 문제가 생긴다. 독자가 다르니 메시지도 다르고, 결국 하나의 포스팅에 여러 메시지를 담게 된다. 이렇게 되면 포스팅 집중도가 떨어지는 것은 물론 메시지 전달 효과도 떨어진다.

이 이미지가 실린 본문에는 #택배상자, #분리배출, #아이스팩, #한국환경공단, #환경보호, #환경사랑, #택배기사님감사합니다 등의 해시태그가 달려 있다. 해시태그를 이용해 독자를 부르고자 한 것으로 보이나 문제는 그조차 녹록해 보이지 않는다는 것이다. 해시태그의 단어들이 이런 정보를 원하는 사람이 검색어로 사용할 가능성이 낮은 것들이다. 대다수의 단어가 환경공단 입장에서는 자주 쓰는 단어지만 일반 국민이 자주 검색하는 단어는 아니다 보니, 이를 통해 독자를 부르기가 쉽지 않아 보인다.

I 독자의 니즈는 무엇인가?

독자가 어떤 니즈를 가지고 있는지 보이지 않는다. 택배 상자 처리에 어려움을 겪고 있는지, 아이스팩 처리에 난감해하고 있는지, 어떤 불편함이나 문제에 대한 해결 의지가 있는지 보이지 않는다. 그들이 어떤 상황에 놓여 있는지 고려하지 않고 그저 이런 정보가 필요한 사람이 있지 않을까 하는 차원에서 콘텐츠가 작성된 것으로 보인다. 그야말로 독자를 고려하지 않고 일방적으로 정보를 전달하고자 하는 마음이 그대로 드러난 글이다.

D 어떤 메시지를 전달할 것인가?

결국 메시지에 문제가 생긴다. 상대방이 듣고 싶은 메시지가 나와야 하는데 독자의 니즈에 대한 분석이 없다 보니 그들에게 꽂히는 메시지가 나오지 않은 것이다. 심지어 이 포스팅에는 메시지가 두 개다. 박스를 처리하는 것에 어려움이 있는 사람에게 전달해줘야 할 내용과 아이스팩을 처리하는 방법을 알고 싶은 사람에게 전달해야 할 내용이 다르다. 메인 이미지에서는 '택배 상자'만 언급하고 있으나 본문에서 '아이스팩' 처리에 대한 이야기를 함께 전달하면서 본질이 흐려졌다. 만약 택배 상자 분리 배출만 이야기하고자 했다면 그것 딱 하나만 정하고 메시지를 구성해야 했다. 아이스팩에 대한 메시지도 전달하고 싶었다면 별도의 포스팅을 만들면 좋았을 것이다.

E 어떻게 표현할 것인가?

이 포스팅에서 어떤 내용을 전달할 것인지 정해졌다면 어떻게 이야기를 구성해야 독자에게 효과적으로 전달될지를 고민해야 한다. 접어서 정리하라는 식의 내용은 큰 의미가 없다. 실제로 이 포스팅의 키워드는 '분리 배출'이다. 택배 상자를 접고 박스에 붙어 있는 테이프와 택배 송장을 제거해 배출하라는 메시지를 강조하려는 것 같다. 그렇다면 메시지는 '종이 상자는 납작하게, 스티로폼은 분리 배출'이 아니라 '분리 배출 방법'에 집중되어야 한다.

이를테면 이미지에 이런 글이 들어가야 하지 않을까.

1단계, 송장을 제거한다.
2단계, 박스를 뜯어 물건을 꺼낸 후 즐거움을 만끽한다.
3단계, 상자에 붙은 테이프를 완전히 제거한다.
4단계, 납작하게 만들어 분리 배출한다.

이렇게 독자의 상황을 고려해 구체적인 문제 해결 방법을 제시하는 것이 효과적이다. 아이스팩을 주제로 한다면 어떻게 해야 할까? 독자 입장에서 가장 고민되는 것이 무엇일까?

아이스팩을 찢어 내용물을 버리고 배출해야 하는지, 아니면 그냥 내 버려도 되는지, 비닐로 분류해야 하는지, 일반쓰레기로 버려야 하는지 헷갈려 하는 독자를 상정할 수 있다. 그렇다면 당연히 아이스팩의 종 류를 보여주고 종류별 처리 방법을 설명해줘야 한다.

R 글의 목적은 무엇인가?

정보를 전달하고자 했을까, 설득하고 싶었을까. 지금 이 포스팅의 경우 어떤 목표든 달성하는 데는 많은 어려움이 있었을 것으로 보인다. 정보를 전달하는 것에 목표를 두었다면 가장 쉬운 방법인 이미지를 적 극 활용해 누구나 따라 할 수 있도록 유도하는 것이 필요하다. 또 설득 하고 싶다면 왜 독자가 분리 배출을 하지 않는지 심도 있게 조사하고 분리 배출을 유발할 수 있는 어떤 메시지를 전달해야 한다.

홍보글 2: 홈페이지 글쓰기

다음은 코로나19 상황에 대한 안내를 위해 부산국제교류재단 홈페이지 소통마당*에 게시된 내용 중 일부다.

Q: 의사환자 조치는 무엇인가요?

A: 역학조사를 통해 의사환자로 분류된 분들은 환자의 임상 상태에 따라서 자가격리 또는 입원이 필요한 경우 국가지정 입원치료병상에 입원하여 치료를 받습니다.

Q: 검체 채취는 누가, 어디서, 어떻게 이루어지나요?

A: 검체 채취는 선별진료소 또는 의료기관 등 전문 의료인이 개

---

* http://www.bfic.kr/new/contents/d6_3.asp?pmode=view&num=146
  23&q=&qa=&pageno=5

인보호구를 갖추고 격리된 공간에서 시행합니다. 신종코
로나바이러스 검사를 위해 2개 검체를 채취하며 검체 채취
시 불편감·통증이 있을 수 있습니다.

　－ 하기도(가래를 배출하여 통에 담음)

　－ 상기도

　(비인두) 비강 깊숙이 면봉 삽입하여 분비물 채취

　(구인두) 면봉으로 목구멍 도찰하여 검체 채취

C 독자는 누구인가?

이 글은 홈페이지 성격상 재단 관계자와 국제교류에 관심이 있는 부
산 시민, 그리고 외국인 주민이 읽을 가능성이 높다. (참고로 이 글은
6개 국어로 제공되고 있다.) 독자를 재단 관계자와 부산 시민으로 한
정한다 해도 이들이 감염병에 대한 의학적 지식이 풍부한 상태는 아닐
것이다. 그런 면에서 이 글은 매우 잘못 작성되었다. 이 글에는 독자가
존재하지 않는다. 유의미한 경우는 딱 하나다. 독자가 '의사' 또는 '그
에 준하는 의학적 지식이 있는 사람'일 경우다.

이 글은 전반적으로 독자가 알지 못할 단어로 구성되어 있다. 일반인이 '의사환자', '검체 채취', '상기도', '하기도'와 같은 용어 뜻을 알고 있을까. 독자에게 친숙하지 않은 어려운 단어는 독자를 불러올 수 없다. 무슨 뜻인지 알지 못하는데, 관심을 보일 리 만무하다. 이 글이 제대로 읽히려면 대상 독자층이 쉽게 이해할 수 있는 용어로 써야 한다.

I 독자의 니즈는 무엇인가?

이 글을 읽는 독자는 현재 어떤 상황에 처해 있을까. 현재 독자는 코로나19 상황에 어느 정도 두려움을 느끼고 있을 것이다. 감염 경로와 진단은 물론 치료 방법 등에 대한 전반적인 정보도 얻고 싶을 것이다. 본인이나 주변인이 감염과 치료에 대비하고자 정보를 찾아볼 수도 있다.

D 어떤 메시지를 전달할 것인가?

따라서 의사 수준의 지식이 아니라 일반인 독자 입장에서 꼭 필요한 정보를 제공해야 한다. 하기도, 상기도, 비인두, 구인두 같은 전문 용어에 대한 설명이 아니라 무엇을 이용해 어떻게 검사하는지가 중요하다. 앞서 열거한 모든 단어는 독자에게 어려운 단어일 뿐만 아니라

이 글을 읽지 않고 지나치게 하는 포인트가 되고 있다. 정보 전달의 목표를 완전하게 훼손하는 단어다.

왜 이런 일이 일어났을까? 이 글을 의사가 썼거나 이에 준하는 기관에서 전문 용어를 늘 숨 쉬듯 사용하는 사람이 썼기 때문이다. 본인 입장에서는 이 단어들이 일상적으로 사용하는 용어이기에 이 글을 읽는 독자가 모를 것이라 예측할 수 없었을 것이다.

E 어떻게 표현할 것인가?

· 밀접접촉자는 어떻게 지정되며, 어떤 과정을 거치나요?
· 코로나19 검사는 어떻게 받나요?

만약 이렇게 질문이 구성되었다면 어땠을까. 유의미한 정보를 중심으로 독자가 직접 행동에 반영하거나 판단에 도움이 될 수 있는 내용으로 쉽게 구성되었다면 훨씬 더 좋은 결과를 가져왔을 것이다. 전문 영역의 정보를 전달한다고 해서 말이 어려울 필요는 없다. 전문 영역의 내용일수록 그 영역 밖에 있는 사람 역시 알아듣기 쉽게 표현하는 것이 중요하다. 전문가로 인정받는 것은 그 어려운 내용을 얼마나 쉽게 표현하는가에 달렸다. 알아듣지 못할 설명으로는 전문가로 인정받기 어

렵다. 전문 영역의 내용을 전할 때 상대가 나만큼 알고 있으리라 생각
하지 말자. 사람들이 내게 어떻게 질문하고 있는지에 조금 더 주의를
기울여본다면 그들이 듣기 원하는 수준의 언어가 어떤 것인지, 실제로
그들에게 도움이 되는 말이 무엇인지 알아챌 수 있을 것이다.

R 글의 목적은 무엇인가?

이 글의 목적은 100% 정보 전달이다. 제대로 된 정보가 없고, 대부분
'카더라' 정보에 의존하고 있는 상황에서 위와 같이 정확하게 전달되는
공식적인 문서는 굉장히 중요하다. 이 글 하나로 사람들의 혼동을 줄일
수 있고, 당연히 그로 인한 민원 및 추가 업무 가능성 역시 현저히 낮아
진다. 제대로 된 정보 전달은 쉬운 내용으로부터 시작된다는 것을 잊지
말자.

홍보글 3: 유튜브 글쓰기

환경부 공식 유튜브에서는 〈안전기준확인마크 확인해요! '살균·소독 제편'〉[*]이라는 제목의 공익광고를 볼 수 있다. '안전기준확인마크'의 중요성을 홍보하고 이 마크를 확인할 수 있도록 독려하는 차원에서 만들어진 것이다.

이 공익광고의 내용은 이렇다. 영상이 시작되자마자 엄마는 장난감 소독을 한다. 이어 아기가 장난감을 가지고 노는 모습이 나오고 '안전 기준확인'이라는 마크 이미지와 더불어 이 마크가 없는 생활화학 제품은 조심하라는 음성 메시지가 나온다.

---

[*] https://youtu.be/zQavhfUreKU

C 독자는 누구인가?

이 동영상은 대상 독자가 매우 뚜렷하다. 30대 초중반의 1~3세 영유아를 키우고 있는 여자. 주인공 역시 30대 초중반으로 보이는 여자와 1~2세 정도로 보이는 아기다. 그들의 삶 속에서 있을 법한 상황을 예로 들면서 언제, 왜, 어떻게 안전기준확인마크를 확인해야 하는지 설명하고 있다.

길지 않은 이 영상 속에서 타깃 독자와 비슷한 상황을 겪고 있는 사람은 충분히 안전기준확인마크의 중요성은 물론 마크의 확인 필요성까지 인지할 수 있다.

I 독자의 니즈는 무엇인가?

어린아이를 키우는 사람은 위생과 안정성 문제에 매우 민감하다. 깨끗한 환경을 만들어주고 싶은 엄마의 마음, 그러면서도 그 환경을 유지하기 위한 모든 행위가 아이에게 해가 되지 않았으면 하는 본능을 이 영상은 읽어냈다. 특별한 사건 사고를 보여주지 않아도, 잔잔한 일상 속에서 느껴지는 엄마의 마음을 그대로 표현해주면서 그 사이에 홍보하고자 하는 대상을 녹여냈다.

D 어떤 메시지를 전달할 것인가?

이 광고의 주제는 '살균소독제'다. 메시지가 아주 명확하다. 아기 엄마는 수시로 장난감을 소독한다. 아이가 그것을 입에 물고 빠는 일이 잦기 때문이다. 세균에 감염될 것을 우려해 쓰는 소독제가 '보이지 않는 위협이 될 수 있다'는 메시지는 그런 의미에서 더욱더 강력하게 와닿는다. 공감을 유발하는 메시지가 되는 것이다.

E 어떻게 표현할 것인가?

동영상을 글로 생각하지 않는 사람들이 많다. 하지만 표현 수단이 다를 뿐 글은 여전히 영상에서도 중요한 도구다. 이 동영상은 환경부 입장에서 실무자의 욕심을 모두 내려놓은 결과물이다. 여타 다른 제도 홍보를 위한 영상과는 달리 이 마크를 설명하거나 취지를 이야기하기보다는 살균소독제를 쓰는 상황을 통해 독자가 스스로 느끼고 행동할 수 있도록 유도한다. 독자가 겪어봤을 법한 상황을 광고에서 보여주어 비슷한 상황에 놓였을 때 한 번쯤 광고가 주는 메시지를 상기시킬 수 있게 한다.

이는 새로운 제도를 알려야 할 때 우리가 꼭 생각해야 하는 포인트다.

새로운 것이니 구구절절 설명해야 한다고 생각하기 쉽다. 하지만 가장 좋은 설명은 독자가 경험해봤을 법한 일, 상상할 수 있는 상황을 빗대어 표현하는 것이다. 그래야 순간의 이해도도 높아지고 기억에도 오래 남을 수 있다.

R 글의 목적은 무엇인가?

안전기준확인마크처럼 실생활에서 사용하는 물건의 안전성이나 견고함을 증명하기 위한 제도들이 있다. 하지만 실제로 이 마크를 중요하게 여기고 체크하며 살아가는 사람은 많지 않다. 대형 마트에서 파니까, 유명한 브랜드에서 파니까 '다 괜찮겠지' 하는 마음으로 제품을 고르기 일쑤다. 그래서 공공 기관에서는 이러한 제도를 홍보하고 실제 독자들의 실천을 유발하기 위해 노력한다.

적어도 이 광고 속 주인공들과 비슷한 상황에 놓인 사람은 이를 실천할 가능성이 높다. 실제 자신이 사용하고 있는 소독제는 마크가 있는지 없는지 확인해볼 것이고, 새로운 소독제를 구매할 때도 마크를 확인해볼 가능성이 높다. 만약 정확한 마크의 이름이 생각나지 않더라도 '그때 무슨 마크였더라?' 하면서 검색해볼 수도 있다.

동영상의 역할은 여기까지다. 구구절절 설명하는 것은 우리 입장에 서야 편할 수 있으나 늘 바쁜 눈으로 정보의 바다에서 허우적거리는 독자 입장에서는 불편한 일이다. 독자가 기억해야 할 상황만 인지시키고 더 자세한 정보가 필요하다면 추가적으로 검색해볼 수 있게 도와주면 된다. 더 많은 욕심을 내기보다는 이 목적에까지 도달하는 것으로 동영상의 목표를 잡아도 충분하다.

홍보글 4: 카드뉴스 글쓰기

SNS가 활발해지면서 카드뉴스는 매우 중요한 홍보 수단이 되었다. 이미지와 메시지를 함께 사용할 수 있고, 도달률 역시 높은 편이라 웬만한 조직이나 기관에서 모두 사용하는 툴이 되었다. 물론 형태만 바뀌었을 뿐 홍보글이 가져야 하는 필수 조건인 '독자'를 고려해야 한다는 측면에서는 전통적인 글과 동일하다. 하지만 많은 기관이 카드뉴스라는 형태에만 집중하느라 또 독자를 잃어버리고 있다.

환경부 홈페이지 홍보 자료에는 〈함께 만드는 지구의 미래 – 생활 속 저탄소 실천방법〉* 이라는 제목의 그림 자료가 게시되어 있다. 그림 자료라 했으나 요즘 우리가 흔히 보는 카드뉴스 형태다. 첫 장에는 지구와 나무 이미지와 함께 위 제목이 적혀 있다.

---

* https://me.go.kr/home/web/board/read.do?boardId=1435760&board
MasterId=713

C 독자는 누구인가?

이 카드뉴스는 누가 볼까? 카드뉴스의 첫 장을 보면 그 대상이 드러날 것이다. 여기서 중요한 점은 첫 장에 특별한 것이 없으면 독자의 관심을 끌어당길 가능성이 낮다는 것이다.

카드뉴스의 첫 장은 유튜브로 치면 썸네일, 일반적인 글로 치면 제목이다. 제목에서 독자를 불러오지 못하면 역시나 실패를 경험해야 한다. 카드뉴스의 첫 장에 적힌 '생활 속 저탄소 실천방법'이라는 제목이 독자를 불러올 수 있을까? 물론 '저탄소'라는 말이 조금 어려울 수 있지만 '탄소 중립'이라는 단어보다는 훨씬 가볍고 쉽다. 환경에 조금이라도 관심이 있는 사람, 그중에서도 탄소 배출에 관심 있는 사람이 이 글의 독자가 될 텐데 이를 감안했을 때는 나쁘지 않은 첫 문장이다. 특히 '생활 속 저탄소 실천방법'이라는 제목은 독자 범위를 조금 더 세분화시키고 있다. 일상 속에서 탄소 배출을 실천하는 방법이 궁금한 사람, 관심은 있으나 방법을 몰라 실천하지 못하는 사람이 이 글의 독자가 될 것이다. '탄소 중립 실천'이나 '탄소 중립에 함께하세요!' 하는 식의 제목보다 훨씬 더 임팩트가 있다. 독자가 더 많아질 것이다.

I 독자의 니즈는 무엇인가?

독자의 현재 상태는 어떨까? 이어지는 자세한 내용에서는 '샤워시간은 짧게, 빨래는 모아서 하기', '4층 이하는 계단 이용하기' 등 가정과 직장에서의 상황별 실천 팁을 제공하고 있다. 독자가 어떤 상황에 놓여 있는지 구체적으로 설정하고 글과 이미지로 표현한 것이다. 이렇게 독자가 경험할 수 있는 상황을 구체화해 생활 속 팁을 제공하면 독자의 관심을 붙잡는 데 성공할 가능성이 높다.

D 어떤 메시지를 전달할 것인가?

이 카드뉴스의 메시지는 간단하다. '이산화탄소 줄이기 운동, 생각보다 쉽죠?'다. 어렵지 않으니 함께하자는 것이 요지다. '여름에는 넥타이 풀고, 겨울에는 내복 입기' 등의 내용으로 전개된다. 단 한 번도 삼천포로 빠지지 않고, 매우 일관되게 일상 속 실천 팁을 제공하고 있다.

E 어떻게 표현할 것인가?

컴퓨터 절전 프로그램 사용, 절전형 전구 등 정부가 추진하는 여러 정책이 이 카드뉴스에 녹아 있다. 하지만 여기서 주목할 점은 이 정책들을 하나하나 설명하기보다는, 독자가 이해할 수 있는 수준에서 그림과 간단한 텍스트로 일상의 상황을 소개하고 자연스럽게 정책 단어를 배치했다는 것이다. 이러한 점 덕분에 독자들은 어렵지 않게 정책 단어를 받아들이게 된다.

R 글의 목적은 무엇인가?

탄소 중립은 꽤 오랫동안 정부가 추진하고 있는 역점 과제다. 정부뿐 아니라 국민 전체가 관심을 기울이고 참여해야 하는 주제이기도 하다. 하지만 '탄소 중립'이라는 표현을 이해하는 사람은 적고 당연히 국민적 공감대도 아직은 약하다. 그래서 정부는 정책에 대한 설명을 반복하기 쉽다. 마음이 급하기 때문이다. 하지만 이럴 때일수록 사람들이 쉽게 접근할 수 있도록 해야 한다. 머리로 이해하기를 기대하기보다는 행동으로 습관화시키는 전략을 취해보자.

홍보글 5: 보도자료 글쓰기

보도자료는 보통 크게 두 가지 목적으로 만들어진다. 첫째, 독자의 참여를 유도하는 것이다. 즉 행사나 판촉, 공모 등에 참여할 인원을 모으는 것이다. 둘째, 단순히 '사실'을 알리는 것이다. 이를 통해 기업이나 브랜드 홍보 효과를 얻을 수 있다. 다음은 건강보험심사평가원 홈페이지에서 참고한 보도자료[*] 내용이다.

내가 먹는 약! 한눈에, 코로나19 극복 이벤트 실시

- 강원도 의료 취약계층 대상 식료품 지원으로 지역사회 안전망 강화 -

□ 건강보험심사평가원(원장 김선민, 이하 '심사평가원')은 코로나19로 인해 결식 우려가 있는 강원도 거주 의료 취약계층을

---

[*] 출처: 건강보험심사평가원 홈페이지. http://www.xn--cw4b64ew6o.com /bbsDummy.do?pgmid=HIRAA020041000100&brdScnBltNo=4&brdB ltNo=10393&pageIndex=1

대상으로 식료품 지원 이벤트를 8월 9일부터 9월 10일까지 실시한다.

□ 이번 이벤트는 '내가 먹는 약! 한눈에'*서비스에 접속해 최근 1년간 개인투약 이력 조회 후 이벤트 페이지에서 '좋아요' 버튼을 클릭하면 참여가 완료되며, 참여인원 5,000명 달성 시 이벤트는 자동 종료된다.

* 심사평가원 누리집(www.hira.or.kr) > 의료정보 > 내가 먹는 약 > 내가 먹는 약! 한눈에 모바일 앱 '건강정보' > 내가 먹는 약! 한눈에

□ 심사평가원은 컵반, 김, 김치 캔 등으로 구성된 즉석식품 400세트를 구매해 원주의료원, 강릉의료원, 삼척의료원, 영월의료원의 협조로 대상자 선정 및 배송 지원을 받아 관내 취약계층에게 따뜻한 마음을 전달할 예정이다.

□ '내가 먹는 약! 한눈에' 서비스는 국민이 직접 최근 1년간 개인투약이력을 조회하고 알러지·부작용 정보를 등록·확인이 가능한 서비스로 의약품 부작용 예방을 통한 국민건강 증진에 적

극 기여하고 있다.

□ 김철수 DUR관리실장은 "앞으로도 의약품 부작용 예방을 통한 국민 건강보호와 더불어 코로나19 장기화로 인해 돌봄이 필요한 이웃을 살피며 지역사회 안전망 강화를 위해 힘쓰겠다"고 밝혔다.

C 독자는 누구인가?

먼저 제목을 살펴보자. 이 제목 속에 독자가 있는가? 불명확하다. '내가 먹는 약', '한눈에', '코로나19', '이벤트 실시' 등의 키워드가 있으나 어떤 것에도 독자가 명확하게 보이지 않는다. 심지어 눈치챘을 수 있지만, '내가 먹는 약! 한눈에'라는 것은 서비스명이다. 이 서비스를 알고 있는 사람이 아니면 굳이 이 보도자료에 관심을 둘 필요가 없어 보인다. 더구나 보도자료가 유의미한 정보를 제공하려면 그 대상이 '지난 1년간 개인투약이력을 알고 싶다'거나 '강원도 내 취약계층에게 어떻게 해서든 도움을 주고 싶다'는 의지가 있는 독자여야 한다. '개인투약이력 조회, 취약계층 도움'이라는 두 개의 키워드에 모두 관심 있는 사람이 독자가 되어야 한다는 측면에서 이 글의 목표인 '홍보'가 쉽지 않아 보인다.

I 독자의 니즈는 무엇인가?

사람들은 언제 개인투약이력을 궁금해할까? 이 고민에서부터 보도자료 작성이 시작되어야 한다. 독자의 니즈를 확인하는 것이다. 개인투약이력 조회 시스템을 만든 이유가 무엇인지 들여다봐야 한다. 누군가에게 꼭 필요하기 때문에 많은 예산을 들여 구축했을 것이다. 타깃을 아는 것이 중요하다. 그들을 어떻게 불러야 할지 고민해야 한다. 시스템 이용자의 범위를 더 넓히고자 하는 목적이 있다면 일반 대중이 왜 자기의 개인투약이력을 조회해봐야 하는지 필요성에 대해 설명해줘야 한다. '왜'에 응답하지 못하면 당연히 독자를 부를 수 없다. 심지어 이 이벤트는 나의 이익이 아닌 누군가에게 돌아갈 이익을 위해 힘을 모으는 일이다. 어떤 특별한 동기부여가 없다면 참여 유도가 쉽지 않다.

D 어떤 메시지를 전달할 것인가?

이 보도자료에는 메시지가 두 개다. 개인투약이력을 조회하라는 메시지와 이벤트에 참여해 취약계층을 돕는 일에 함께하자는 메시지가 섞여 있다. 두 메시지가 하나의 보도자료에 혼재하다 보니 어느 쪽에도 충분한 설명을 하지 못한다. 독자가 실제 원하는 정보는 거의 들어 있지 않다. 개인투약이력을 왜 조회해야 하는지, 누가 이 서비스를 활용해야 하는지 대상도 필요성도 매우 불분명하다. 뿐만 아니라 이벤트에 대한 맥락도 정확하지 않다. 독자 입장에서 중요한 정보는 빠져 있고, 이벤트를 실시하는 기관 입장에서 중요한 정보만 나열되어 있다. 일례로 참여자 입장에서 보면 5,000명까지만 유의미하다는 정보는 그다지 의미가 없다. 선착순 참여라는 것은 내 주머니에 뭔가가 들어오는 상황에서 치열해진다. 지금처럼 남의 주머니를 채우는 일은 물론 사회적 의미가 있지만 '선착순 참여'를 치열하게 해야겠다는 의지까지 생기는 일은 아니다. 그런 의미에서 이 보도자료의 핵심 메시지는 일단 개인투약이력을 조회해보라는 것이어야 한다. 그래야 1년간 먹은 약을 조회했더니 나에게도 도움이 되었지만 누군가에게도 도움이 되었다는 식으로 연결하기가 쉽다.

E 어떻게 표현할 것인가?

내게 이 제목을 수정하라 한다면 가장 먼저 '내가 먹는 약! 한눈에'를 삭제할 것이다. 보도자료를 내는 입장에서야 이 서비스명이 중요하겠지만 서비스명을 모르는 사람에게는 오히려 정보를 알아가는 데 장애물이 될 뿐이다.

제목의 대안은 '1년간 내가 먹은 약 알아보고, 취약계층 기부도 실천하자!'다. '내가 먹는 약! 한눈에'는 결국 자신의 투약 내용을 알아보는 프로그램이기 때문이다. 우리의 사업명을 알리는 것도 중요하지만 사업명이 대중적으로 알려져 있지 않다면, 그 프로그램의 목적성이나 가치뿐 아니라 이용자에게 어떤 편익을 주는지 직접적으로 표현해주는 것이 훨씬 좋다.

R 글의 목적은 무엇인가?

이 글의 속내를 잘 들여다보면, 취약계층 기부라는 공익 이벤트를 통해 '내가 먹는 약! 한눈에' 서비스를 활성화하고자 한 것으로 보인다. 결국 목적 자체가 서비스 홍보라면 보도자료는 상당 부분 수정되어야 한다. 서비스 내용과 공익 이벤트 내용이 직접적으로 연결되지 않기 때문이다. 목적에 집중해 서비스 홍보를 위한 정보 제공에 힘을 쏟아야 한다.